AF509159

# LE FRÈRE

## DE LA

## DUCHESSE D'ANGOULÊME

PAR

Henri DESPORTES

PARIS

LIBRAIRIE DES AMATEURS

A. FERROUD, LIBRAIRE-ÉDITEUR

192, boulevard Saint-Germain

1888

# LE FRÈRE

DE LA

## DUCHESSE D'ANGOULÊME

# LE FRÈRE

## DE LA

## DUCHESSE D'ANGOULÈME

PAR

Henri DESPORTES



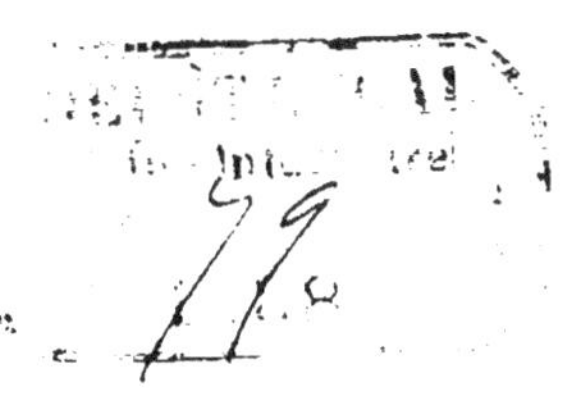

PARIS

LIBRAIRIE DES AMATEURS

A. FERROUD, LIBRAIRE-ÉDITEUR

192, boulevard Saint-Germain

—

1888

*Hommage à l'infortune noblement supportée.*

---

## A Son Altesse Royale

## Madame Amélie de Bourbon.

---

Les rois ont dit : « Qu'importe une œuvre méprisée,
» Qu'importe d'un enfant l'existence brisée,
  » Qu'importe l'attentat commis,
» Qu'importe l'infamie où chacun s'abandonne,
» Si ce marché honteux livre à notre couronne
  » Un lambeau du pays des lys? »

Et le peuple répond : « Salut à la Victime ;
» Pour venger l'innocence et pour punir le crime
  » Il n'est point de lâche en nos rangs.
» Nous ne tromperons point la généreuse attente
» Du roi méconnu, qui parmi nous se présente
  » Sans tache à ses étendards blancs ! »

---

A vous, joie et soutien de la pure Victime,
Femme au cœur généreux, au dévoûment sublime,
  Ange des enfants du Martyr,
Ému de vos douleurs, j'offre ces courtes pages,
Fruit d'un amour fidèle à travers tous les âges,
  Amour impossible à tarir...

# INTRODUCTION

*La première, la formidable objection qu'on nous jette à la tête, à nous fidèles de la survivance du Roi-Martyr, est celle-ci :*

*« Nauendorff n'a point été reconnu par la duchesse d'Angoulême, comment voulez-vous dès lors qu'il ait été son frère ? »*

*Nous allons essayer aujourd'hui d'y répondre. C'est une question difficile et complexe, nous en convenons volontiers, mais que le lecteur impartial veuille bien nous suivre dans l'examen que nous allons faire des actes et des paroles de Madame et du prétendu Nauendorff, et il sera vite convaincu qu'il s'agit du frère et de la sœur.*

*Mais, cet examen achevé, nos adversaires ne se tiendront pas pour battus.*

*En effet, ne pouvant nier ce qui saute aux yeux, les aveux de Marie-Thérèse sur l'évasion et sur l'identité, ils retournent l'argument et nous accusent de jeter le blâme et la honte sur la duchesse d'Angoulême dont la réputation de « sainteté » est universelle.*

*Ainsi, dès 1836, Thomas (1) disait dans son avant-propos. «.... Mes sentiments de respect et de profond attachement (pour la famille royale) se sont émus en lisant les mensonges que les pamphlétaires de cette intrigue ont fait circuler parmi ceux qu'ils trompent, et ont cherché à accréditer dans les classes populaires. Telle est, en effet, la triste condition de ces imposteurs, qui, pour soutenir leur fable, sont obligés d'attaquer tous les princes de la branche aînée, dont la loyauté est respectée par les plus ardents ennemis de la maison de Bourbon, et de calomnier dans la personne de la fille de Louis XVI la vertu elle-même. Certes, les noms que je viens de prononcer sont trop haut placés pour être atteints par des allégations qui partent de si bas, et ces princes sont assez défendus, par la vénération qui les entoure, contre les libellés clandestins de semblables aventuriers. Loin de moi la pensée d'élever la voix pour justifier une princesse dont on ne peut parler que pour l'admirer. Mais comme j'ai eu occasion de voir, parmi les*

_________________

(1) Nauendorff, ou mémoire à consulter sur le dernier faux Louis XVII, *Paris, Dentu,* 1836, p. 3.

personnes séduites par ·l'homme que je veux démasquer, un petit nombre d'individus de bonne foi, j'ai cru faire une action louable en contribuant à leur ouvrir les yeux, et à les préserver d'un soupçon qui, sans pouvoir jamais atteindre celle à qui il s'adresserait, flétrit ceux qui le conçoivent. Pour croire que Louis XVII existe, il faut oser croire que la fille de Louis XVI est une sœur dénaturée. Or, c'est un horrible malheur, presqu'une impiété que de soupçonner Madame la Dauphine (1) ».

A cette page méchante et exaltée, permettez-moi d'opposer le récit de la lutte qu'eut à subir· contre lui-même un noble cœur, dans l'étude de cette question vitale.

« Soutenir que le duc de Normandie existait, dit le comte de la Barre (2), c'était positivement accuser Louis XVIII et Charles X d'avoir été tous deux usurpateurs, et la duchesse d'Angoulême d'être coupable de l'odieuse méconnaissance de son frère. Ces conséquences, affreuses à envisager pour l'honnête homme, résultaient forcément de la vérité du premier fait. Je le sentais, mais ami·de la justice avant tout, je ne reculai point devant les douloureuses impressions qui allaient m'assiéger dans l'accomplissement de la tâche que je m'imposais. J'étudiai

(1) Oui, si les soupçons n'étaient pas fondés, mais la suite de cette étude montrera qu'ils ne le sont que trop.

(2) Légitimité, t. I, p. 123.

*la cause comme homme, comme avocat et comme magistrat.
Je ne pris mission que de ma conscience et de la droiture
de mes intentions.... Il n'est personne au monde, me
disai-je, qui ait le pouvoir de créer un duc de Normandie,
s'il n'en existe pas un, comme nulle puissance n'a la
faculté de détruire l'existence de celui qui est en la possession de ce titre, pas même la duchesse d'Angoulême. Elle
a répudié le rôle sublime que lui assignait sa qualité de
sœur ; elle pouvait se grandir au-dessus de toutes les
puissances par un seul acte de justice ; elle ne l'a pas voulu ;
ce n'est plus qu'un témoin dont le témoignage même est
devenu inutile ; le nom de cette princesse doit s'effacer,
comme autorité, devant l'examen de la question. »*

*Ecoutez* maintenant ce que dit un Bollandiste des
qualités nécessaires à l'historien.

« *Amour ardent de la vérité,* empire sur ses affections, *horreur des jugements a priori fondés sur des données
étrangères à la science historique, étude consciencieuse des
textes, indépendance du jugement, voilà ce qu'il faut au
critique pour se trouver à la hauteur de son rôle (1). —*
« *Avant de vous prononcer, dit Henri de Breiz (2), il*
» *faut examiner.* »

« *Vous dépouiller des préjugés ;* vous interdire toute

(2) Imposture ou vérité, *par le docteur Leroux, p. 3.*
(1) Essai sur la Critique historique, *par le P. de Smedt, S. J.*

passion dans le débat ; *laisser là les influences extérieures,
les conseils intéressés, pour ne consulter que l'inflexible
voix de la conscience ; tout examiner, tout contrôler froide-
ment, sans parti pris ; sacrifier à la vérité vos goûts,
vos préventions, vos idées personnelles ; voilà votre devoir.*

« *Pour venir vers nous, dit-il encore, le chemin est
sanglant ; il est fait* d'illusions brisées, d'angoisses sans
nom, de tortures inexprimables. »

*Aussi, lecteurs, dès ces premières lignes, j'ai une prière à
vous adresser.*

*Vous le voyez tous les jours, l'historien consciencieux est
souvent obligé de brûler ce qu'il avait adoré, et d'adorer ce
qu'il avait brûlé.*

*Mais, pour avoir ce courage, il ne faut pas être vulgaire,
il faut une âme fortement trempée, une conscience droite,
et des sentiments nobles et généreux.*

*Que ceux donc qui ont rompu avec la noble tradition du
passé de la France, qui se plaisent à fouler aux pieds nos
gloires du Moyen-Age, et se vautrent sans honte dans
l'égoïsme moderne, ne lisent pas ce livre : il n'est pas fait
pour eux.*

*Hommes de plaisirs, sans consistance, sans caractère,
sans générosité, laissez dormir en paix cette œuvre : je ne
parle pas pour vous.*

*Hommes avides et ambitieux dont l'unique souci est*

*d'acquérir un métal aussi vil que vous, continuez à poursuivre de vos flatteries les puissants de ce jour, et ne portez pas la main sur nos princes malheureux. Vous n'êtes pas dignes d'eux.*

*Mais vous, hommes généreux, qui savez apprécier les saints dévouements et les sacrifices sublimes, je vous adjure, au nom de votre honneur et de votre repos, lisez, lisez ces pages écrites pour vous : qu'elles portent la lumière dans votre esprit, la paix dans votre cœur, et la consolation dans votre âme !*

*Nobles descendants des Francs, qui sentez encore bouillonner dans vos veines leur sang généreux, qui frémissez au contact de l'enthousiasme et de ses enivrantes ardeurs, oh ! ouvrez ce livre, et vous verrez que le prince infortuné dont je veux venger la mémoire est digne de vous.*

*Vous surtout, catholiques français, à la foi robuste et profonde, au caractère ferme et loyal, aux convictions nettement dessinées, je vous le dis, votre* devoir est *d'étudier cette cause sainte et de la proclamer* imposture ou vérité !

*C'est votre* devoir, *parce que vous êtes les disciples de Celui qui a dit :* « Ne faites pas à autrui ce que vous ne voudriez pas qu'on vous fît à vous-même ». — *Vous ne voudriez pas être méconnus par les honnêtes gens, par les chrétiens vos frères ; vous ne voudriez pas être traités à tort de fourbes, d'imposteurs, de faussaires : ne souffrez donc pas que d'autres le soient.*

*C'est votre* devoir, *parce que la divine religion de Jésus de Nazareth vous fait un précepte de la charité :* « Faites à autrui ce que vous voudriez qu'on vous fît », *a dit le Sauveur. Supposé qu'une honteuse spéculation vous eût indignement frustrés du nom glorieux de vos ancêtres, ne seriez-vous pas heureux qu'une main secourable se tendît vers vous, pour vous rendre le rang qui vous est dû dans la société ?*

*C'est votre* devoir, *parce que le vicaire du Christ, notre divin Maître, a déclaré qu'* « il n'est pas permis de refuser l'obéissance aux princes légitimes ». *Et, en France, y a-t-il d'autres princes légitimes que les descendants de nos rois (1) ?*

*C'est votre* devoir, *parce que vous savez avoir à cœur de procurer un triomphe éclatant à votre mère, la sainte Église romaine, et ce triomphe n'aura lieu dans notre patrie que lorsque nous serons gouvernés par un roi sincèrement catholique, et réglant ses actes d'après sa croyance : et avons-nous d'autre roi catholique que Charles XI, le roi du Sacré-Cœur, le petit-fils du Roi-Martyr (2).*

*(1) Aucun des gouvernements qui ont succédé à notre royauté, vieille de quatorze siècles, n'a encore prescrit.*

*(2) Il est bien entendu que les catholiques ne peuvent compter sur le*

*C'est votre* devoir, *parce que la France agonisante tourne vers vous ses yeux baignés de larmes et vous supplie de la sauver de l'abîme dans lequel elle s'enfonce de plus en plus. Qui peut être l'organe de cette résurrection, si ce n'est le représentant* légitime de la monarchie héréditaire ? *Lui seul pourra replacer la France malheureuse sur le haut piédestal de gloire et d'honneur où l'avaient élevée ses aïeux.* N'oublions pas que la justice est la sauvegarde des nations.

*Loin de nous les faibles, les timides, les lâches, les cœurs bas et rampants.*

*A nous les forts et les cœurs d'or !*

*Qu'importe que notre cohorte soit peu nombreuse, si nous avons pour nous les vrais fils de la France ?*

*Et nous les aurons.*

*Car la justice, le droit, la vérité ont toujours été choses*

*comte de Paris. Un fait tout récent en donne une nouvelle preuve. Lors du mariage de sa nièce, catholique, avec le prince Waldemar de Danemark, protestant, le comte de Paris avait promis au Saint-Siège que ses enfants seraient élevés dans la religion catholique. Mais se souvenant sans doute des leçons de sa mère, la protestante Hélène de Mecklembourg, et voulant donner la mesure de sa bonne foi, le comte de Paris passait en même temps avec la cour de Danemark un traité, aux termes duquel les enfants mâles seraient baptisés protestants.*

*Aujourd'hui le sacrilège est accompli, et le petit neveu du comte de Paris est protestant. Comme ces prétendus catholiques tiennent à leur foi et à leur église.*

sacrées pour les hommes vraiment dignes du beau nom de Français.

Dites si je me suis trompé. Je m'expose à votre jugement avec une naïve confiance. Ce que je sais, je le dis ; ce que je crois, je l'affirme ; ce qu'on nous oppose, je tâche de le réfuter ?

Ai-je réussi ? — A vous, lecteurs, de le dire : en cette matière, vous êtes juges souverains.

Heureux si mon modeste travail peut ouvrir les yeux à quelques âmes généreuses et rendre quelques services aux nobles princes à qui j'ai voué ma vie.

Je ne prétends pas avoir fait de grandes découvertes sur la question. Je n'apporte aucun élément inédit au procès : tous les documents que je reproduis ont été publiés déjà par la Légitimité, par J. Favre et les autres amis de la cause. Mon seul mérite, si j'en ai, est de les avoir réunis et groupés (1).

Ce livre a un double but : j'ai voulu montrer d'abord quelle était la conviction de la duchesse d'Angoulême à propos de l'évasion ; et ensuite, que les actes, les paroles

(1) Je dois une grande reconnaissance à M. l'abbé Berton, qui a bien voulu revoir et corriger mon travail. Qu'il reçoive ici mes sincères remerciments pour les bons conseils qu'il m'a donnés et la manière aimable dont il s'est acquitté de ce soin.

*du prétendu Nauendorff montraient en lui le véritable Louis XVII.*

*Les actes, les paroles de la duchesse d'Angoulême, ses aveux, ses confidences, ses remords établissent clairement qu'elle connaissait l'évasion, et certains faits font même penser qu'elle n'hésitait guère sur l'identité.*

*Quant à Nauendorff, il est impossible, après avoir vu ses lettres, ses démarches réitérées auprès de Madame pour obtenir une audience, les détails intimes qu'il raconte de son enfance, il est impossible de ne pas le reconnaître pour le Dauphin, miraculeusement évadé du Temple, et conservé selon les vues de la Providence divine pour le bonheur de la France.*

*Et à qui faire remonter la cause et l'odieux de la méconnaissance dont le prince a été l'objet ? Un examen attentif des pièces du procès nous le dira.*

*Et c'est à quoi je convie le lecteur impartial et intelligent.*

# LE FRÈRE



## DUCHESSE D'ANGOULÊME

---

« La France ne sera heureuse et tranquille
« que lorsqu'il sera sur le trône de nos pères. »

(PAROLES DE M^me LA DAUPHINE A SON LIT DE MORT).

« Je n'en doute pas plus que vous, la vérité
« nous sauvera, mais la vérité tout entière :
« Voilà ce qu'il faut bien comprendre. »

(LETTRE DE M. LE COMTE DE CHAMBORD A M. LE
COMTE A. DE MUN, DU 28 NOVEMBRE 1878).

## CHAPITRE I^er

RAPPORTS DE LOUIS XVII ET DE LA DUCHESSE D'ANGOULÊME
DE 1793 A 1815.

« Depuis le 3 juillet 1793, et depuis la confrontation
du frère et de la sœur, le 7 octobre de la même année,
Marie-Thérèse n'avait plus revu son frère. Suivant
M. de Beauchesne, elle l'aperçut le 23 novembre 1794,

au moment où, de retour d'une promenade sur la plate-forme, en compagnie de ses deux gardiens et d'un commissaire du nom d'Alavoine, il rentrait dans sa chambre : « Mais, ajoute-t-il, il ne fut pas donné à la princesse de l'embrasser et de lui parler ». Le fait en lui-même n'a rien d'invraisemblable ; mais n'est-il pas extraordinaire que Marie-Thérèse, qui eût attaché le plus grand prix à cette rencontre, si elle avait eu lieu, n'en dise mot dans ses Mémoires (1) ?

Le 23 novembre, la substitution, d'après le récit de Nauendorff, était déjà opérée. L'affirmation de M. de Beauchesne était donc pour nous une redoutable objection. M. Chantelauze, bien inconsciemment sans doute, s'est chargé de la résoudre et il y a parfaitement réussi.

Ainsi il est constant que depuis le 7 octobre 1793, jusqu'au 8 juin 1795, date de la mort prétendue de Louis XVII, les enfants de Louis XVI ne purent non-seulement communiquer ensemble, mais même se voir. La duchesse d'Angoulême ne put donc jamais savoir si le prisonnier qu'on gardait était bien son frère.

Et pourtant elle raconte sa mort qu'elle place au 9 juin 1795, erreur qui montre combien les renseignements qu'elle tenait des autres étaient inexacts.

(1) Chantelauze. *Revue des questions historiques* du 1<sup>er</sup> juillet 1883.

Permettez-moi, lecteurs, de mettre sous vos yeux le récit de cette mort déplorable, qui, semble-t-il, aurait dû exciter toutes les pleurs de son âme. Tout le monde connaît le beau récit de M. de Beauchesne, à tout le moins madame Royale devait-elle être aussi émue que lui. Eh bien ! voici comment elle raconte le fait dans sa *Relation de la captivité* de la famille royale à la tour du Temple (1) :

« Desault mourut. On lui donna pour successeurs le médecin Dumangin et le chirurgien Pelletan. Ils ne conçurent aucune espérance ; on donna des drogues à mon frère qu'il avalait avec beaucoup de peine. Sa maladie, heureusement, ne le faisait pas souffrir. C'était plutôt un abattement et un engourdissement dans toute la machine que des douleurs vives. Il se consumait comme un vieillard. La fièvre le prit, ses forces diminuèrent toujours. Il expira doucement, sans agonie, le 9 juin 1795, à trois heures après-midi, après avoir eu la fièvre pendant huit jours et gardé le lit deux. Ses commissaires le pleurèrent amèrement, tant il s'était fait aimer par ses qualités aimables. Il avait beaucoup d'esprit ; mais la prison lui avait fait beaucoup de tort, et même, *s'il eût vécu, il y aurait eu à craindre qu'il ne devînt imbécile !* »

(1) Voir la note p. 17.

Alors il vaut mieux qu'il soit mort ! N'est-ce pas la première pensée qui vient à l'esprit en lisant ces lignes attristantes ?

Convenons-en : ou la duchesse d'Angoulême n'avait pas de cœur, et n'aimait guère son frère, et, dès lors, il n'est pas extraordinaire qu'elle l'ait méconnu. Ou, ce qui paraît plus probable, ce passage n'est pas son œuvre ; et on a tort de nous l'opposer pour prouver la croyance de Madame à la mort de Louis XVII au Temple.

Le jeune prince, au lieu de mourir au Temple, comme l'ont dit certains auteurs malveillants ou mal renseignés, sortit de cette prison le jour où avait lieu l'inhumation de l'enfant qui lui avait été substitué et était mort à sa place et en son nom.

On le transporta chez une dame de la Suisse allemande, veuve d'un Suisse massacré au 10 août ; elle habitait, croit-on, rue de Seine, n° 6, à Paris. Il y demeura un mois, fort malade ; après quoi, il fut transporté dans la Vendée, et y demeura quelque temps, caché dans les châteaux de ses fidèles partisans ( 1).

Le prince était encore en France au commencement

(1) Une grande partie de ce récit est emprunté à celui de M. Le Chartier, dans le *Salut de la France*.

de 1797, dans le château de M. Tort de la Sonde. Le neveu de ce dernier l'a vu, et il l'a raconté, en 1820, à M. Brémond, ancien secrétaire de Louis XVI, qui en dépose dans son témoignage judiciaire devant le tribunal de Vevey (Suisse). On a aussi le témoignage d'une compagne des jeux du prince, celui d'un vicaire d'Andrezé, qui lui servit une fois de cocher, celui de la gouvernante d'un chef vendéen, qui donna au prince l'hospitalité pendant quelque temps.

La dame qui soignait le prince était, avons-nous dit, de la Suisse allemande ; il passait pour son fils ; elle continua son instruction dans la langue allemande, et ce fut le seul langage qu'il parla avec elle. Néanmoins, malgré le secret profond dont son asile était entouré, il fut trahi, enlevé et reconduit en prison. Un M. de B... (le marquis de Briges, probablement), l'un de ses protecteurs, entretenait une correspondance avec Joséphine de Beauharnais qui le fit évader de sa nouvelle prison.

Il fut ensuite conduit en Italie, où il fut protégé secrètement par le pape Pie VI. La dame allemande s'était remariée avec un horloger suisse, et tous deux allèrent rejoindre le prince en Italie. Pour son amusement et comme moyen d'occupation dans sa solitude, il y apprit quelque peu l'horlogerie avec le mari de sa mère adoptive, circonstance qui montre qu'il avait, comme son père, le goût des arts mécaniques.

En 1798, la tranquillité des infortunés reclus fut troublée par une horrible trahison, à l'époque où l'Italie tomba au pouvoir de l'armée républicaine. Ils se virent forcés de prendre brusquement la fuite et se réfugièrent sur un bâtiment qui devait les conduire en Angleterre. Mais le capitaine était vendu aux ennemis du fils de Louis XVI. Ses amis qui l'avaient accompagné furent sacrifiés à la haine qu'on lui portait ; il fut pris sur mer et reconduit en France, n'ayant plus d'autre protecteur que le comte de Montmorin, qui seul échappa à ses persécuteurs et secrètement ne le perdait pas de vue. Il avait alors près de quatorze ans.

Débarqué en France, il y fut emprisonné de nouveau. On voulut le contraindre à se faire moine. Dans cette dernière prison, on lui fit subir une atroce opération pour le défigurer. Nos amis de la légitimité ont retrouvé, il y a quelques années, aux environs de Montargis, la veuve d'un geôlier qui, chargée de cette cruauté, s'enfuit et se cacha pendant un an, sur un bateau du canal de Loing, laissant cette odieuse mission à d'autres (*V. la Légitimité*) (1). Sa détention

(1) Tome II, page 893.

dura jusque vers la fin de 1803. Ce fut encore à Joséphine qu'il dut sa délivrance, par Fouché, qui trahissait et Joséphine et le royal orphelin.

En 1804, le général Pichegru fut envoyé au comte de Provence, pour s'entendre avec lui dans les intérêts de son neveu ; ce prince, tout entier à sa dévorante ambition, révéla l'asile de l'orphelin, son roi, aux puissants ennemis de sa race. Obligé de fuir de nouveau la persécution qui l'atteignait partout, Louis XVII et Montmorin, son chevaleresque compagnon, dirigèrent leurs pas vers Ettenheim, pour se réunir au duc d'Enghien qui connaissait l'existence du Dauphin et s'était noblement dévoué à la défense de ses droits légitimes. Les émissaires de la haute police de France suivaient leurs traces ; le comte de Montmorin ayant un moment quitté le prince pour aller aux informations, entre Strasbourg et Ettenheim, son altesse royale fut arrêtée pendant son absence et conduite à la forteresse de Strasbourg, où on la tint au secret le plus rigoureux. Bientôt, placé dans une chaise de poste, sous l'escorte de la gendarmerie, le fils de Louis XVI fut conduit dans un cachot. Il y resta pendant quatre ans, sans voir le jour, sans que personne lui adressât jamais la parole, nourri au pain et à l'eau. Son geôlier, particulièrement connu d'un précepteur des enfants de M. de Bremond, avait fait à ce témoin un récit conforme à celui du prince *(V. la Légitimité,* t. II, p. 389). Louis XVII avait alors dix-neuf ans.

Vers la fin de 1808, Napoléon ayant résolu de divorcer avec Joséphine et de convoler à de secondes noces, l'impératrice, qui avait oublié son royal protégé, s'en souvint alors, et lui fit rendre une dernière fois la liberté. Aux environs du printemps de 1809, Montmorin et lui arrivèrent à Francfort-sur-le-Mein. Ils prirent quelques jours de repos dans cette ville. Le prince avait vingt-quatre ans. Ils se rendirent ensuite au quartier général des troupes commandées par le duc de Brunswick qui leur donna des lettres de recommandation pour la Prusse.

Dans leur route, les deux voyageurs furent arrêtés comme espions et conduits à Schill, commandant d'un corps franc qui occupait les environs du lieu où ils se trouvaient ; ils s'en firent aisément connaître en lui présentant une lettre du duc de Brunswick. Attaqués par l'ennemi, on fit partir le prince et Montmorin sous une escorte de cavalerie : mais ils furent surpris par un fort corps de troupes. Le fidèle Montmorin tomba la tête fendue d'un coup de sabre. Le malheureux prince, lui-même, en se défendant bravement, fut blessé, terrassé et fait prisonnier. Il avait perdu connaissance, et quand il revint à lui il se trouva dans un hôpital. Bienheureusement et bien providentiellement, on lui avait laissé sa redingote dans le collet de laquelle étaient cousus les documents qui établissaient ses droits et qualités de fils de Louis XVI.

Le prince fut transféré de l'hôpital, sur la frontière de France, dans la forteresse de Wesel. Par ordre de Napoléon, tous les prisonniers étaient dirigés vers Toulon, pour y être confondus avec les galériens, lorsque le royal captif, retombé malade, fut abandonné au milieu d'un village et de là transporté à l'hôpital de la ville voisine. Il y rencontra un convalescent nommé Friédrichs ou Frédéric, hussard du corps de Schill. Tous deux parvinrent à s'évader. Frédéric qui laissait souvent seul son compagnon pour aller chercher des provisions, fut arrêté par la gendarmerie dans une de ses maraudes, et le malheureux prince, après des vicissitudes inouïes, arriva vers la fin de 1810 à Berlin, muni d'un passe-port sous le nom de Karl Wilhem Nauendorff, que lui avait remis un voyageur mystérieux pour lui faciliter l'entrée à Berlin (1).

---

(1) Du moins le prince le crut. Il est probable que c'était un agent de police déguisé.

Il espérait vivre en Prusse tranquille et ignoré, mais une nouvelle série de poignantes infortunes était réservée à ce mort politique pour le jour où il voudrait reprendre sa place au milieu des vivants. Il était sans ressources. Il se détermina donc à exercer l'état d'horloger, bien que ne le connaissant encore que très imparfaitement. Toutefois la police de Berlin allait le forcer par des exigences légales à révéler son origine. Le magistrat de la ville lui fit connaître que pour être horloger, il était nécessaire qu'il fût reçu bourgeois ; il se vit contraint de confier le secret de sa naissance à M. Lecoq, d'origine française, directeur général de la police du royaume, et il justifia de son identité avec le fils de Louis XVI en lui communiquant une déclaration écrite et signée par le roi et la reine, au Temple, scellée du cachet de son père, et dans laquelle étaient consignés les signes particuliers que le Dauphin portait sur son corps.

Convaincu de la vérité des assertions de cet étranger, M. Lecoq lui demanda la remise de ses papiers afin de les soumettre à Sa Majesté, et de prendre ses ordres. Le prince refusait de s'en dessaisir, mais sa déplorable situation ne lui permettait pas de suivre les conseils de la prudence : il dut se résigner à livrer son avenir au gouvernement prussien. M. de Hardenberg,

premier ministre, consulté par M. Lecoq, garda la
déclaration du roi et de la reine de France : ce
furent ces papiers volés qu'entrevit M. Xavier Laprade, en 1836 (1).

(1) Voici en quelle circonstance : Au commencement de l'année
1836, dit M. X. Laprade lui-même *(En politique point de justice,* page
231)... j'habitais la ville de Niort (Deux-Sèvres) où depuis deux ans
j'exerçais la profession d'avocat. Quelques personnes m'ayant à cette
époque parlé de l'existence du fils de Louis XVI et de sa présence
actuelle à Paris, je rejetai d'abord comme un roman le récit de sa triste
histoire : puis des faits plus précis, des témoignages nombreux et
honorables m'ayant été racontés, je m'intéressai à cet affaire, et résolus
même de me rendre à Paris, pour voir par moi-même le personnage et
les principaux témoins dont on m'avait parlé......................

Arrivé à Paris, je vis le prétendu duc de Normandie et de nombreux
témoins qui tous me parurent très convaincus ; je l'étais moi-même à
peu près, mais craignant encore de tomber dans le piège d'une intrigue,
et bien résolu à la dévoiler si je venais à la pénétrer. Cet état de mon
esprit n'avait pas échappé à la perspicacité du personnage, qui, appré-
ciant d'un autre côté ma loyauté, me proposa de me confier une
mission délicate. Il s'agissait d'aller en Saxe, où résidait sa famille ; de
s'assurer de la protection du gouvernement pour elle ; ensuite de me
rendre en Prusse à l'effet de rechercher des pièces et des documents
devant servir en justice pour la demande en réclamation d'état qu'on
se proposait d'y porter. J'acceptai cette proposition, et je me mis en
route au mois de mars 1836.............................

« M. le Ministre de Rochow m'ayant fait savoir qu'il avait réuni
toutes les pièces concernant M. Nauendorff, et qu'il était prêt à me
recevoir, je me rendis à l'hôtel du ministère de l'intérieur. J'eus plu-

M. Lecoq lui persuada de se retirer à Spandau, où il lui fit accorder des lettres de bourgeoisie, avec dispense de produire son acte de naissance, le 8 décembre 1812.

L'exposé rapide de cette vie aventureuse dont

sieurs conférences avec M. de Rochow, qui me communiqua un dossier volumineux.

» Les premières pièces de son dossier dataient de 1810 ; il n'y en avait point d'antérieures. C'étaient des rapports de M. Lecoq, alors président de la police, à M. le prince de Hardenberg, ministre. J'ai lu très distinctement plusieurs fois les noms de Charles-Louis (Carl-Ludwig), par lesquels le désignait, en 1810, M. Lecoq ; ce n'était donc pas pour lui Charles-Guillaume Nauendorff ; il y avait bien là réellement un secret d'Etat.

» Je ne puis entrer dans le détail (*a*) des conférences que j'eus avec M. de Rochow, qui, du reste, me répéta plusieurs fois qu'il y avait là un mystère pour lui-même. Sa plus grande objection était tirée de la condamnation subie par Nauendorff ; je répliquai d'après les renseignements qui m'avaient été fournis à Paris avant mon départ, et j'écrivis pour en avoir de nouveaux.

M. de Rochow me parla des doutes de M<sup>me</sup> la duchesse d'Angoulême elle-même ; c'est lui qui me fit connaître que *cette princesse avait demandé des renseignements au roi de Prusse, et que Sa Majesté s'étant rencontrée avec la princesse aux eaux de Tœplitz, il y avait été question de cette affaire ;* mais que les renseignements fournis, et relatifs aux condamnations judiciaires, avaient fait prendre la résolution de ne pas

(*a*) M. X. Laprade a écrit plusieurs relations de son voyage en Prusse. Nous en avons d'autres plus détaillées sur ce point et écrites à une époque plus rapprochée des évènements.

chaque fait est étayé de preuves sans réplique, de témoignages nombreux publiés dans la *Légitimité*, montre clairement que pendant l'espace de vingt ans, c'est-à-dire jusqu'à l'époque de la Restauration, il fut matériellement impossible à ce mort politique de

s'en occuper. Ces antécédents devaient donc être également pour tous les royalistes une fin de non-recevoir. Quel qu'il fut, il fallait le laisser là. Il me raconta, à cette occasion, la démarche faite aussi en Prusse par M. le comte Auguste de Larochejacquelein qui, sur la même observation, avait cessé de s'occuper de Nauendorff.

» Les dernières paroles de M. de Rochow furent celles-ci en me reconduisant à la porte de son cabinet et en me mettant la main sur le bras :

» Au reste, Monsieur, je ne voudrais pas affirmer que cet homme » n'est pas le Dauphin de France ; mais je vous dirai ma pensée toute » entière : il ne peut pas être reconnu pour tel ; parce que sa » reconnaissance serait le déshonneur de toutes les monarchies de » l'Europe ».

On lit dans le *Roi de France* : « Le 5 février 1884, nous avons eu l'honneur d'être présenté à M. Xavier Laprade, et nous eûmes le plaisir de l'entendre raconter lui-même sa mission à Berlin. « Pendant que le » ministre était sorti, nous dit-il, j'avisai une pièce qui sortait du dossier et » que je tirai un peu. J'y voyais mêlés les noms de Charles-Guillaume » Nauendorff et ceux de Louis-Charles, duc de Normandie, et la date » de 1810. Mais, hélas ! je ne savais pas l'allemand. J'éprouvai la » plus violente tentation de ma vie, celle de m'emparer de la pièce, » mais déjà retentissait dans le corridor le pas de M. de Rochow *(a)* ».

(a) *Légitimité*, t. III, p. 621. M. X. Laprade est encore vivant ; il demeure à Paris, avenue Trudaine, 5.

secouer les cendres de son tombeau fictif et de reprendre son rang au milieu de sa famille.

Pendant tout ce temps, en effet, le prince ne fut pas libre. Quant il fut sorti du Temple, il n'était pas libre de se faire connaître : c'eût été en effet un bon moyen de se faire réintégrer dans la prison d'où il avait eu tant de peine à sortir. Ses libérateurs ne pouvaient non plus le conduire auprès de son oncle, le comte de Provence ; car, outre les difficultés matérielles qui les arrêtaient, ils savaient, à n'en pouvoir douter, que Louis XVIII était le plus cruel ennemi de l'enfant-roi.

Pendant le consulat et l'empire, le prince ne fut pas libre. Il a gardé le silence, et cependant, nous l'avons vu, l'homme puissant qui régnait sur la France sut bien découvrir sa retraite et le plonger dans une affreuse captivité. Que serait-il advenu, si le prince avait parlé ? n'aurait-il pas partagé le sort déplorable du malheureux duc d'Enghien ? Et puis comment aurait-il pu rejoindre sa famille qui ne voulait pas de lui, tant qu'il fut enfermé au donjon de Vincennes.

En Prusse, le Prince n'était pas libre. Il était venu avec confiance se jeter dans les bras de cette monarchie, espérant naïvement qu'elle prendrait sa défense. Mais à cette époque, la Prusse était muselée par Napoléon, qui menaçait de l'écraser, au moindre mouvement, sous le talon de sa botte puissante. Aussi la police veille-t-elle attentivement sur le faux Nauendorff, et le dirige-t-elle dans tous ses actes. Et, plus tard, quand elle eut reconnu Louis XVIII, ses persécutions redoublèrent envers le prince, et elle chercha à flétrir par une condamnation juridique celui qu'elle avait dépouillé : on eût dit qu'elle voulait river au sol allemand l'infortuné fils de Louis XVI.

D'ailleurs, quand les malheurs sans nombre de sa vie aventureuse ne l'auraient pas retenu, il lui aurait été bien difficile jusqu'à cette époque de suivre les traces de sa sœur. Tout le monde connaît la vie errante de la duchesse d'Angoulême pendant son exil, je n'ai donc pas à la rapporter ici ; mais est-elle moins tourmentée que celle du Dauphin ?

Toujours comme l'oiseau sur la branche, à peine trouvait-elle un jour une demeure pour reposer ses membres fatigués, que le lendemain la politique venait la relancer dans sa retraite et la forçait de chercher un autre asile.

Dans ces conditions, comment son frère aurait-il pu s'adresser à elle ? Était-ce le moment favorable pour une reconnaissance heureuse, mais difficile ? Souvent, sinon toujours, il dut ignorer dans quel endroit elle était retirée. Et puis, s'il le savait, comment aller jusqu'à elle ? Toujours de longues lieues le séparaient de celle qu'il aimait, et dans ces temps de troubles inouïs, de guerres perpétuelles, les communications étaient très difficiles.

Comment aurait-il pu même lui écrire ? Ses lettres probablement ne lui seraient point parvenues, ou seraient tombées entre les mains de gens à qui il avait tout intérêt de cacher sa retraite.

Car il ne faut pas croire que l'évasion, œuvre de courage accomplie par quelques hommes de cœur, fit l'affaire des chefs du parti royaliste et surtout de celui qui était à leur tête. Ils préféraient à un roi-enfant un roi entreprenant et ambitieux, qui avait besoin d'eux pour monter sur le trône, et qui ne manquerait pas de les rétribuer grassement.

Je n'en veux pour preuve que la parole infâme du duc de Bourbon écrivant au prince de Condé, de Londres, le 16 décembre 1799 (1). « Déjà l'on commence à faire courir le bruit que le petit roi Louis XVII n'est point mort. Nouvel embarras, *si ce bruit vrai ou faux* prenait un peu de consistance. Il n'en a encore aucune, mais cela n'est pas impossible ».

(1) Crétineau-Joly. *Histoire des trois derniers princes de la maison de Condé*, t. II, p. 286.

Voilà comment les princes du sang étaient dévouées à leurs rois !

Et vous voudriez que Louis XVII eût cherché un asile parmi eux ? — Mais autant se jeter dans la gueule du loup : il serait tombé dans un vrai coupe-gorge et n'aurait pas réclamé longtemps ses droits et son nom; ceux qui voulaient profiter de sa mort y auraient mis bon ordre.

Au moment de mettre sous presse, nous recevons le témoignage suivant (*Légitimité* du 13 novembre 1887) :

« Je viens d'avoir une conversation importante avec une de mes parentes, M^me de C..., qui désire malheureusement que son nom reste ignoré ; mais ce qu'elle m'a dit me semble de nature à éclairer d'un nouveau jour le fameux acte de décès de Beauchesne.

» Ma parente m'a rapporté une conversation qu'elle a eue avec sa belle-mère, morte il y a plusieurs années, au sujet de la duchesse d'Angoulême.

» Comme ma parente disait à sa belle-mère qu'elle ne croyait pas le Dauphin mort au Temple, sa belle-mère lui répondit : « Il est certain que M^me de Gontaut » m'a dit que la duchesse d'Angoulême lui avait » révélé dans l'intimité que, lors de la mort de l'enfant

» du Temple, on l'avait amenée pour voir l'enfant et
» le reconnaître, et que, l'ayant vu, elle s'était écriée :
« Ce n'est pas mon frère, je ne le reconnaîtrai jamais
»˙pour mon frère. »

» Ernest de POULPIQUET.

» Brescauvel-en-Brelès (Finistère). »

La duchesse d'Angoulême avait donc de bonnes
raisons de ne pas croire à la mort de son frère !

# CHAPITRE II



MARIE-THÉRÈSE FUT AVERTIE DE L'ÉVASION ET DE L'IDENTITÉ
PAR DES LETTRES NOMBREUSES.

L'évasion étant heureusement effectuée, les libérateurs du Prince prirent les mesures nécessaires pour faire connaître ses droits.

Charette l'annonça lui-même à Louis XVIII, ainsi que nous le rapporte M. Brémond dans sa déposition devant le tribunal de Vevey (Suisse). Déjà auparavant il lui avait annoncé la prochaine délivrance du Dauphin ; c'est Louis XVIII qui nous le rapporte dans ses Mémoires.

D'après le témoignage de M. Brémond, nous savons aussi qu'un procès-verbal de l'évasion fut envoyé aux gouvernements de l'Europe et notamment à la cour d'Autriche.

Il est donc infiniment probable que la duchesse d'Angoulême, qui vécut depuis avec ces personnages, fut informée de l'évasion.

Il est donc probable, pour ne pas dire certain, que la duchesse d'Angoulême savait, avant la Restauration, que son frère n'était pas mort au Temple.

Elle vécut constamment avec cette pensée : son frère était vivant, inconnu, peut-être livré à toutes les horreurs de l'infortune : et elle ne savait comment aller à lui.

Et, au souvenir des tortures endurées dans sa fatale prison, peut-être le croyait-elle mort, peut-être n'a-vait-il pas pu survivre aux suites des horribles traite-ments qu'il avait soufferts.

Il faut le dire, le comte de Provence fit tout ce qui lui était possible pour l'entretenir dans cette dernière opinion ; il ne perdit pas toujours son temps, comme nous le verrons par la suite.

Pour arriver à ce but, le roi voltairien ne recula pas devant le mensonge, et M. Cahier, l'un des joailliers de la cour, nous apprend qu'il a vu aux Tuileries, en 1824, un faux acte de décès affirmant que Louis XVII, évadé du Temple, était mort en pays étranger.

Un faussaire ordinaire, on l'envoie aux galères, et un roi qui s'abaisse à ces vilenies, qu'en fait-on ? on le méprise, ou on se tait.

Et cependant, si Marie-Thérèse eût eu autant de volonté, d'intelligence et de force d'âme qu'elle avait

de bonté de cœur, n'aurait-elle pas vu clairement
qu'on voulait la tromper sur son frère, et l'empêcher
de reconnaître le malheureux orphelin ? Comment
a-t-elle pu hésiter après les avertissements répétés, les
lettres nombreuses qu'elle reçut maintes fois d'anciens
et fidèles serviteurs ?

Je vais en rapporter quelques-unes, et le lecteur
verra, en les lisant, si la conviction ne devrait pas bientôt être faite.

Nous trouvons d'abord un allemand, le syndic
Pezold, placé d'abord auprès du prétendu Nauendorff
pour surveiller ses actes, et devenu ensuite son ami.

Je cite Jules Favre (1).

« En 1829, Pezold écrit à M<sup>me</sup> la duchesse d'Angoulême pour réclamer en faveur du Dauphin, et le
16 juin 1829, il reçoit cette lettre qui serait bien
singulière si elle n'était en tout conforme à la ligne de
conduite que nous allons voir adopter par les personnes auxquelles Nauendorff s'est adressé, tout aussi
bien que par les magistrats et les dépositaires de l'autorité publique qui laissent se briser dans leurs mains
les armes de la loi pour avoir plus tard recours à celles
de l'arbitraire.

<hr>

(1) *Louis XVII*, plaidoirie de 1874, devant la cour d'appel de Paris.

» Voici la lettre ou plutôt le billet écrit à M. Pezold par la duchesse de Damas :

» J'ai reçu, Monsieur, la lettre que vous m'avez
» adressée pour M^me la Dauphine. Je l'ai remise à
» S. A. R. qui m'a chargée de vous mander qu'elle
» ne voulait nullement se mêler de l'affaire dont vous
» désirez l'entretenir, je m'empresse de vous en ins-
» truire, Monsieur, et j'ai l'honneur d'être votre très
» humble et très obéissante servante.

» La duchesse de DAMAS.

» Le 16 juin 1829 ».


Jules Favre ajoute :

« Pourquoi, Messieurs, ces réticences ? Que M^me la duchesse d'Angoulême n'ait voulu avoir aucune relation avec un imposteur, soit ! Mais qu'elle se taise sur la qualification que mérite celui qui l'importune, qu'elle n'avertisse pas un homme d'honneur qui veut s'égarer, qu'elle ne dise pas à Pezold : Pourquoi m'entretenez-vous d'un fils de Louis XVI, mon frère est mort au Temple ; vous êtes dupe d'un intrigant, vous jouez un rôle indigne de vos fonctions ?

» Ah ! Messieurs, quel est celui de nous qui, en

pareille circonstance, aurait agi ainsi ? Eh quoi ! il s'agirait de l'honneur de notre famille, on songerait à s'introduire de force dans notre foyer, et nous dirions dédaigneusement que nous ne voulons pas nous mêler d'une pareille affaire !

» Non, Messieurs, aucun de nous ne tiendrait ce langage.

» La vérité a sur les âmes honnêtes une action si violente qu'elle se fait jour à travers tous les systèmes ; elle se montre bien qu'on ait intérêt à la cacher. Ici, on la dérobe, et je n'ai pas besoin d'en dire les raisons ».

Le raisonnement de l'habile orateur est très juste ; et les pensées qu'il exprime sont bien celles qui viennent à l'esprit, à la vue d'une conduite aussi étrange.

M^me de Rambaud, ancienne femme de chambre et berceuse du Dauphin, l'ayant reconnu en Nauendorff, le fit connaître à la duchesse d'Angoulême dans une lettre qu'elle lui adressa en 1833. Voici dans quels termes respectueux et fermes cette pièce importante est conçue (1) :

(1) *Mémoires de M. le vicomte de Larochefoucauld,* aide de camp du feu roi Charles X. Paris, Allardin (1837), tome V. M. de Larochefoucauld fut un de nos adversaires ; il ne peut donc pas être suspect d'avoir inventé cette lettre en notre faveur.

*A son Altesse Royale, Madame, duchesse*

*d'Angoulême.*


» MADAME,

» Celle qui aurait donné sa vie pour vos illustres parents prend aujourd'hui, par devoir de conscience, la respectueuse liberté de vous écrire, pour vous assurer de l'existence de votre auguste frère. Mes yeux l'ont vu, reconnu, *des heures passées avec lui* m'en ont donné la plus entière conviction. Une si précieuse conservation vient de la toute-puissance de Dieu ; c'est à genoux que je lui en rends grâce, en me disant sans cesse que, s'il a bien voulu le conserver par sa volonté même, c'est pour en faire un être de pacification générale et de bonheur pour tous ; cette conviction, comme l'espérance, vient de lui seul.

» Ses longs malheurs, sa résignation aux volontés de la Providence et sa bonté sont au-delà de tout.

» Celle de votre Altesse Royale ne m'est pas moins nécessaire pour m'assurer que je n'ai point trop osé en exprimant ce que mon cœur sent si bien pour ses souverains si légitimement aimés de tous ceux qui ont conservé un cœur fidèle.

» C'est avec respect que je suis, de Votre Altesse Royale, la très humble et très obéissante servante.

» M. veuve de RAMBAUD ».


« P. S. — Madame sait que j'ai eu l'honneur d'être attachée au berceau de son auguste frère, depuis le jour de sa naissance jusqu'au 10 août 1792 ».


Cette lettre si polie, si respectueuse, n'obtint pas de réponse.

Quelques mois plus tard, M^{me} de Rambaud écrivit encore à la duchesse d'Angoulême, à la suite d'une tentative dont le prince avait été victime, à Paris. Voici sa lettre (1) :


« MADAME,

» La certitude, si heureuse pour moi, que Votre Altesse royale a reçu la lettre que j'ai pris la respectueuse liberté de lui adresser, me fait espérer qu'elle voudra bien encore m'accorder la grâce de lire avec bonté celle où les témoignages d'une conviction entière

_______________

(1) *Mémoires de M. de Larochefoucauld*, t. V, p. 149.

lui seront exprimés avec cette vérité de cœur que rien ne peut tromper. Je n'aurai rien à me reprocher, *ayant rempli* envers Votre Altesse royale *le plus saint des devoirs,* celui de porter à sa connaissance les preuves qui sont en mon pouvoir touchant *le prince qui est pour moi son auguste frère.*

» Ayant le bonheur de le voir souvent, de lui donner des soins, je retrouve chaque jour en lui le caractère qu'il avait dans son enfance, où le vouloir était dans toute sa force, mais où la bonté du cœur dominait par dessus tout.

» Ses souvenirs, *toujours présents jusque dans les moindres choses,* auraient lieu de m'étonner, s'il n'y avait pour moi la pensée qu'ayant presque passé sa vie enfermé, il s'est tellement nourri de tout ce qu'il a pu voir et connaître, que c'est devenu pour lui le livre du destin qu'il sait par cœur, et, *sûrement, ce qu'il sait n'a jamais été imprimé.*

» Madame apprendra de lui sa triste histoire ; elle y verra sa résignation soutenue par son espoir en Dieu, dont la main puissante l'a conservé jusqu'à ce jour, et depuis peu encore, d'une tentative d'assassinat, qui, sans Dieu, eût terminé sa vie... D'autres (1) se

-----

(1) M. de Larochefoucauld lui-même, comme nous le verrons plus loin.

sont chargés d'en instruire Votre Altesse Royale ; c'est une chose aussi pénible à dire qu'à penser et qui remplit mon cœur d'effroi. Sûrement, *ce n'est point un faussaire qu'on assassine ;* on le juge, comme tant d'autres l'ont été à cet égard et qui ont disparu de même comme des fantômes.

» Cette identité de plus, ajoutée à tant d'autres, me fait supplier Votre Altesse Royale *de voir son auguste frère.*

» *Une entrevue la pénétrera plus encore de la plus sainte des vérités que c'est lui.* Tant de rapports de famille, tant d'union de cœur, de bonté, et tant d'amour pour la France ! Ah ! c'est dans son sein qu'une famille qui lui est si chère doit, retrouvant le bonheur, le donner à tous ; et c'est en me jetant aux pieds de Madame que je lui demande pour son auguste frère, qui n'a d'autres soutiens qu'elle, et qui, après tant de malheurs, n'aspire qu'à retrouver son cœur dont il est si digne.

» C'est aux pieds de Votre Altesse Royale que je mets toute ma confiance, mon respect et mon dévouement qui n'ont jamais changé.

» Mottet, veuve de Rambaud ».

A côté de Mme de Rambaud se trouve une de ses amies, Mme Marco de Saint-Hilaire, ancienne dame de M<sup>me</sup> Victoire de France. Elle aussi écrivit à M<sup>me</sup> la Dauphine :


« *A S. A. R. Madame, duchesse d'Angoulême.*


» MADAME,

» *Depuis l'année 1795,* je n'ai cessé d'entendre dire que le malheureux Dauphin, fils de Louis XVI, avait été *sauvé du Temple,* et qu'un autre enfant y fut introduit à sa place». Cet espoir, qui était nourri dans le cœur de tout bon Français, était devenu une croyance religieuse ; elle fut entretenue pour moi à une époque où je fus placée auprès de Joséphine, femme de Bonaparte. *J'acquis alors la certitude* que sa bonté, son respect et son attachement à la famille des Bourbons l'avaient portée, de convention avec le ministre Fouché, a soustraire le malheureux reste du sang de nos rois des cruelles mains de son époux qui avait prononcé sa perte.

» Je pense, Madame, que ces bruits sont arrivés jusqu'à Votre Altesse Royale. Mais la Providence ayant permis que depuis quinze ans il se présentât plusieurs faussaires suscités par une police trop coupable, la vérité n'était pas encore parvenue jusqu'à

vous, malgré tous les renseignements que Votre
Altesse Royale a cherché à obtenir.

» Si je prends, Madame, la très respectueuse liberté
de vous adresser aujourd'hui cette lettre, c'est que j'ai
la conviction d'avoir retrouvé le prince si regretté des
Français. La Providence a permis que je me trouvasse
en rapport avec lui, et pour tous ceux qui ont eu
l'honneur de connaître le roi votre auguste père, et la
reine votre trop malheureuse mère, il est impossible
de méconnaître Louis XVII à la ressemblance frappante que ses traits offrent avec ceux des augustes
auteurs de sa vie.

» Votre Altesse Royale, qui, jusqu'à présent, n'a
point été à portée de trouver la vérité, peut être
assurée que Dieu a permis qu'après tant d'années de
recherches nous soyons enfin parvenus à le trouver.

» C'est aux pieds de Votre Altesse Royale que je la
supplie, avec tout le respect que je lui dois, de me
pardonner la lettre que je prends la liberté de lui adresser, mais Dieu, ma conscience et le salut de mon âme,
m'imposent l'obligation de la prévenir que son malheureux frère existe et qu'il est avec nous. J'ose assurer
à Votre Altesse Royale que je crois à l'identité de ce
malheureux prince, comme je crois en Dieu et à son
divin Fils, sauveur du monde.

» Je suis bien peu de chose, Madame, mais le feu sacré de mon amour et de ma reconnaissance pour votre auguste et trop malheureuse famille, n'a jamais cessé de brûler dans mon cœur. Malgré tous les malheurs qui m'ont été personnels, je suis encore disposée à sacrifier le reste de ma triste existence, si elle peut être utile au fils de votre auguste père, que Dieu dans sa sainte miséricorde semble m'avoir fait retrouver, pour me dédommager à la fin de ma vie de toutes les douleurs que j'ai ressenties par la perte cruelle de mes augustes maîtres.

» Je suis, Madame, avec le plus profond respect, de Votre Altesse Royale, la plus humble, la plus obéissante et la plus soumise servante.

» MARCO DE SAINT-HILAIRE, née BESSON,

» Anciennement attachée à M^{me} Victoire de France, tante du roi.

» Versailles, le 9 septembre 1833. »

Ce n'est pas tout encore. Voici la lettre que M. Brémond, ancien secrétaire particulier de Louis XVI, écrivit à la princesse :

« Madame,

» Serviteur de votre auguste père, j'ai reconnu dans le prétendant, Charles-Guillaume Nauendorff, l'orphelin du Temple, votre auguste frère, le duc de Normandie, et je suis devenu son serviteur. Connaissant tous les moyens par lesquels Votre Altesse Royale a pu être trompée, et voulant remplir mon devoir envers l'orphelin du Temple, je me suis adressé à un de vos estimables serviteurs, le baron de Charette (1); je lui ai fait connaître tous les motifs qui devaient porter Votre Altesse royale à faire un dernier examen de l'identité du duc de Normandie, son auguste frère, avec M. Nauendorff, j'ai proposé une assemblée de famille pour faire cet examen...

» Je déclare en la présence de Dieu à Votre Altesse Royale que le feu Roi-Martyr, mon auguste maître... ne voulut délibérer sur trois propositions qui lui étaient soumises pour l'acceptation de la Constitution en 1791, qu'après avoir fait la tentative de se réconcilier avec le roi George III. M. le comte de Mercy d'Argenteau, ambassadeur d'Autriche auprès de lui,

(1) Le père du général des zouaves pontificaux et le neveu du grand Charette.

fut le porteur de sa lettre autographe au roi d'Angleterre ; et dans cette lettre il lui exprimait le regret le plus vif de s'être égaré au point d'avoir soutenu des rebelles contre leur roi légitime. Il lui demandait son amitié et l'emploi de toute sa puissance pour le protéger, en n'autorisant aucun acte de son gouvernement qui pût contribuer à troubler la sécurité de sa personne et celle de sa famille.

» Un traité secret s'ensuivit, par lequel le roi George III donnait sa parole royale, non-seulement de ne permettre à son gouvernement aucun acte contre la sécurité de Louis XVI et la tranquillité de la France, mais d'employer toute son influence à rétablir le calme dans ce royaume, et dans le cas où Louis XVI viendrait à mourir, de prendre sous sa protection royale son épouse et ses enfants. Cet acte, Madame, vous le trouverez dans les archives de l'Autriche comme dans celles d'Angleterre ; et vous jugerez que la lettre de S. M. George III à S. A. R. Monseigneur le duc d'Angoulème, pour l'investir de la tutelle de l'orphelin du Temple, en 1794, et le cas de sa mort arrivant, de le reconnaître pour roi légitime, est un jugement solennel contre leurs Altesses royales, le comte de Provence et le comte d'Artois, malheureusement placés au nombre des conjurés de Louis XVI.

» Les martyrs, vos augustes parents, en étaient tellement convaincus qu'ils les redoutaient l'un et l'autre plus que les Jacobins. Vous trouverez d'ailleurs, dans les archives de l'Autriche, de l'Angleterre, de la Russie et de la Prusse, les déclarations faites à toutes ces cours, par le baron de Breteuil, ambassadeur secret et extraordinaire du roi, pour placer l'armée des princes à l'arrière-garde de leurs armées, sans jamais leur permettre d'entrer sur le territoire français.

» Enfin, Madame, je remplis le devoir que Dieu m'impose envers vous, en vous déclarant, qu'à ma connaissance, la cour d'Autriche a la preuve authentique de l'enlèvement de l'orphelin du Temple. Je sais encore d'une manière positive que ceux qui ont eu le bonheur de le délivrer l'ont conduit à Rome, où il a été paternellement accueilli par le Saint Père Pie VI. Il n'existe donc personne qui puisse vous donner des informations véridiques et contraires à ce que j'ai l'honneur de vous faire savoir. Mon honorable ami, feu le marquis de Monciel (ancien ministre de l'intérieur sous Louis XVI), dont la copie du testament politique vous sera remise, a souvent gémi devant moi des illusions de Votre Altesse Royale. Plusieurs fois il était sur le point d'aller vous demander une audience particulière, pour vous faire connaître l'existence de votre auguste frère. Cet honorable ami est mort dans mes bras, de douleur de la catastrophe de 1830, et regrettant de n'avoir pu remplir son devoir en vous enlevant la cataracte dont on avait couvert vos yeux.

» Je crois que plusieurs de vos serviteurs, trompés eux-mêmes par le prince qu'ils avaient le malheur de servir, ont pu vous faire partager leurs erreurs ; mais, pour vous mettre en mesure de juger, j'ajoute le fait suivant : Un d'entre eux, le duc de Blacas, a reçu des mains de M. de Monciel le trésor de la couronne qu'il avait sauvé des mains des factieux, pour le conserver à l'autorité du Roi légitime.

» Ce trésor, valeur réelle, était de trois cents millions. Il fut converti en neuf millions de rentes placés dans les fonds étrangers, de préférence aux fonds français. J'ai su en 1820, de mon ami, M. André, qu'à sa connaissance, il n'existait plus que sept millions de rentes du trésor. Depuis cette époque, il n'y a pas eu lieu sans doute de le diminuer.

» Ce trésor, Madame, appartient au Roi légitime, et ce Roi légitime que vous embrasserez un jour avec bonheur, c'est votre auguste frère, le duc de Normandie.

» Mais d'après la vérité que je vous déclare devant

Dieu, il ne vous est plus permis de vous en servir contre lui. Que vos conseillers ne se fassent pas illusion ; ce sont eux qui sont responsables devant Dieu et devant leur Roi légitime de l'emploi que vous en ferez.

» Mon devoir est rempli, Madame ; pour récompense de mes services envers le Roi-Martyr et envers toute sa famille, je n'ai jamais voulu accepter que le portrait de Son Altesse Royale, Monsieur, qu'il me donna en 1820.

» A l'âge de soixante-dix-huit ans où je suis parvenu, je n'ai plus rien à recevoir de personne sur la terre, mais je dois me préparer à paraître devant Dieu, qui, du moins, ne me fera pas le reproche de vous avoir caché la vérité.

» Je suis, avec respect, etc.

» BRÉMOND. »

Comprend-on qu'à la révélation de tels faits dont la noirceur fait dresser les cheveux sur la tête, et dont la duchesse d'Angoulême était à même de vérifier l'exactitude, elle n'ait pas ouvert les yeux sur les tristes menées de ceux qui l'entouraient ? — On l'a dit avec raison : il n'y a pas pires sourds que ceux qui ne veulent point entendre.

Je pourrais citer encore beaucoup d'autres lettres,

entr'autres celles de M. de Saint-Didier et du général Dufailly; mais elle ne nous apprendraient rien de nouveau, et celles qui précèdent suffisent à prouver que la duchesse d'Angoulême était parfaitement renseignée.

Il est nécessaire de faire ici quelques réflexions sur la conduite de M^me la Dauphine.

« A ces accents si pleins de noblesse et de cœur, dit Jules Favre, en parlant de la lettre de M^me Marco de Saint-Hilaire, si touchants, établissant avec tant de force la conviction d'une femme pure et honnête, il ne fut rien répondu.

» Tout à l'heure, Messieurs, je me demandais par quelle indifférence inconcevable M^me la duchesse d'Angoulême n'avait pas éclairé Pezold ? Mais enfin c'était un étranger et à la rigueur on pouvait admettre le silence.

» Mais voici des personnes, sinon de son intimité, mais tout au moins de son entourage; elles ont connu ses augustes et malheureux parents; elles leur sont restées dévouées jusqu'à la mort; elles offrent le sacrifice de ce qui leur reste d'existence pour le triomphe de la vérité; elles viennent comme témoins en envoyant à M^me la Dauphine l'assurance de leur respect et de leur éternelle affection.

» Eh bien ! on les dédaigne. Et on ne leur dit pas

un mot pour les sauver de l'intrigue dans laquelle elles vont s'engager.

» Et ces saintes et respectables personnes qui compromettent leur réputation, leur fortune, leur existence honorablement remplie par leur dévouement à la famille royale, elles ne trouvent pas grâce devant la politique inflexible du silence.

» Messieurs, j'ai promis de ne rien dire contre les absents, à bien plus forte raison ne dirai-je rien contre ceux qui ne sont plus ! Le respect du tombeau enchaîne ma pensée, mais elle s'élève pour trouver ici, dans sa triste nudité, la raison d'Etat avec son insensibilité ; l'ambition avec son implacable égoïsme : l'ambition, qui rend capable des plus grandes duretés ceux qui aspirent au pouvoir ou qui veulent s'y maintenir (1).

» Là est le secret du silence de la Dauphine obéissant aux ordres de ceux qu'elle est accoutumée à respecter.

» Elle a dû en être d'autant plus malheureuse ! Et de toutes les infortunes qui lui étaient réservées, je n'en sache pas de pire que cette obligation d'étouffer sa conscience et son cœur, quand il s'agit d'avertir

---

(1) « Les partis, a dit Lacordaire, sont capables de tout, quand ils croient avoir intérêt à perdre un homme ».

de vieux serviteurs et de leur crier qu'ils se trompent ! »

Oh ! oui, elle a été malheureuse de son silence, et nous ne le savons que trop par ses actes, ses paroles, ses pleurs et ses remords.

On a remarqué que les criminels les plus habiles opposent un silence complet aux accusations dont ils sont l'objet : c'est leur meilleure arme de défense. Ainsi ils sont sûrs de ne se contredire jamais.

Or, chacun sait quelle habileté dans les intrigues possédait Louis XVIII ; et il n'a pas manqué d'ourdir la conspiration du silence contre les réclamations de son neveu. Il en fut l'âme, et força les membres de sa famille d'agir comme lui pour ne pas le déshonorer, la duchesse d'Angoulême comme les autres.

Je ne sais quel auteur a fait remarquer que dans les pièces de théâtre les acteurs ne choisissent pas leur rôle, mais acceptent ceux qui leur sont assignés. Ainsi en fut-il dans ce sombre drame de la méconnaissance du fils de Louis XVI : à Marie-Thérèse était donné de remplir un rôle muet d'une grande importance.

Et Dieu sait combien ce rôle lui pesait ! Aussi ne put-elle le jouer sans défaillance, et dans le cours de cet ouvrage, nous verrons à quelles tortures fut en proie cette pauvre âme pour avoir voulu sauvegarder l'honneur de ceux à qui elle s'était donnée.

# CHAPITRE III



CE QU'ON PENSAIT DANS L'ENTOURAGE DE LA DUCHESSE.

Ceux qui entourent les princes sont ordinairement l'écho de leurs pensées, et le fidèle miroir de leur cœur. Souvent il n'y a qu'à les consulter, qu'à inspecter leurs actes et leurs paroles pour savoir ce que pensent leurs augustes maîtres.

Il est donc de notre devoir d'interroger ceux qui ont vécu dans l'intimité de M<sup>me</sup> la Dauphine. Et ce ne sera pas sans profit ; car nous verrons qu'elle avait souvent laissé transpirer son fatal secret.

On lit dans *Louis XVII vengé*, par V. de Stenay, page 219 : « Dans une conversation que le marquis de Nicolaï eut avec l'abbé Leinhard, curé de Niederbroon, il lui avoua, avec le sourire fin de l'homme de cour, qu'il en savait plus que lui sur Louis XVII et que depuis longtemps il connaissait son existence ; il affirma s'en être entretenu avec Charles X souvent, avec M<sup>me</sup> la Dauphine, etc. Il nous déclara que les cours de Russie et d'Autriche étaient convaincues de ce fait, et qu'elles attendaient sa reconnaissance éternelle comme devant clore l'ère des révolutions ».

Voici maintenant l'opinion d'un homme très remarquable. Il s'agit de l'ancien précepteur du duc de Bordeaux, Mgr Tharin, évêque de Strasbourg. Ses convictions sont rapportées dans une lettre écrite à l'*Univers*, le 2 octobre 1850, par son ancien secrétaire. J'en extrais le passage suivant : « Non seulement Mgr Tharin a cru que l'orphelin du Temple a été sauvé, mais cette croyance qu'il a conservée jusqu'à sa dernière heure, j'affirme, moi, qui eus l'honneur d'être son secrétaire et pour qui, je ne crains pas de le dire, il n'avait rien de caché, j'affirme que c'est à la cour même *et en faisant l'éducation du duc de Bordeaux qu'elle lui est venue...* » Or, pour tous ceux qui ont connu Mgr Tharin, son opinion est d'un très grand poids. Un homme d'un caractère aussi élevé et d'un mérite aussi éminent n'a pas cru, sans y être déterminé par les plus puissants motifs, à l'existence du fils de Louis XVI.

« Cette opinion, d'ailleurs, et personne ne le conteste, fut, *avant 1830,* celle de la Grande-Aumônerie et des *seigneurs les plus en crédit à la cour ;* et un témoignage que je ne crains pas de rapporter ici me semble la preuve que la famille royale elle-même partageait à cette époque, si toutefois elle ne la partage pas encore, cette croyance, qui a compté un si grand nombre de partisans dans toutes les classes de la société.

» En 1833, j'eus l'honneur de voir à Fribourg, en Suisse, un de ces hommes que tous les partis vénèrent, qui n'en était pas moins un chaud partisan de Louis XVII, M. le marquis de Nicolaï, beau-frère de M. le duc de Lévis, dont on connaît le noble et admirable dévouement à la personne de M. le duc de Bordeaux. M^me de Nicolaï faisait alors ses préparatifs de départ pour aller remplacer à Prague, où se trouvait la famille royale, M^me de Gontaut, *en qualité de gouvernante de Mademoiselle,* sœur du duc de Bordeaux. Sachant que M^me la marquise partageait toutes les idées de son mari sur l'existence du Dauphin, je me permis de demander à M. de Nicolaï si leur croyance à Louis XVII était connue à Prague. M. le marquis *m'assura qu'on ne l'ignorait pas du tout.* Je lui témoignai alors toute ma surprise du choix qu'avait fait la famille royale de M^me de Nicolaï pour remplacer M^me de Gontaut. Voulez-vous savoir, M. le Rédacteur, quelle fut la réponse de M. de Nicolaï; je la livre textuellement à votre appréciation. « Monsieur l'abbé, *la famille royale croit aussi fortement que vous et moi à l'existence de Louis XVII.*

» J'ignore si M. de Nicolaï a persévéré dans son ancienne croyance, mais j'augure trop bien de la noblesse de son caractère pour ne pas espérer qu'il me pardonnera bien volontiers de m'être appuyé, dans l'intérêt d'une cause que je crois être celle de la justice et de la vérité, de l'autorité si respectable de son nom et de sa parole ; et vous-même, monsieur le Rédacteur, si, dans cette question, vous voulez faire preuve d'impartialité, comme on est en droit de l'attendre d'un écrivain religieux, vous ne refuserez pas de donner place dans votre feuille, à ce témoignage dont il vous sera libre toutefois de discuter la valeur, en même temps que vous accueillerez, j'espère, la réclamation que j'ai cru devoir vous adresser par respect pour la mémoire si digne de vénération de Mgr Tharin (1).

» Agréez.

DE LA H... (De la Haye) (2),

Chanoine honoraire

Et ancien secrétaire général de l'évêché de Strasbourg.

(1) Cette lettre, établissant une vérité déplaisante, ne fut point insérée dans l'*Univers* ; nous la trouvons dans la *Restauration, convaincue d'usurpation, etc.*, par Suvigny (a). Elle est confirmée par une lettre de M^lle^ Louisa Delvigne à la *Légitimité* (t. I, p. 516). Rorhbacher affirme également les convictions de Mgr Tharin.

(2) Mgr Tharin a été évêque de Strasbourg de 1824 à 1827. Durant tout son épiscopat, M. l'abbé de la Haye (Nicolas-François) a rempli les fonctions de secrétaire général de l'évêché. — Note fournie par M. Joder, secrétaire général de Strasbourg.

(a) Voici ce qu'on lit à la page 18 de son livre : « Les soussignés prenant Dieu à témoin de leur sincérité, déclarent que tous les certificats, sans exception, cités dans cet ouvrage, émanent réellement des signataires auxquels ils sont attribués,

Parlons maintenant de deux autres personnes qui étaient sinon de l'intimité, du moins de l'entourage de la duchesse d'Angoulême, puisqu'elles étaient attachées à sa personne, je veux parler de M^mes Hue et Bazire. Je trouve ce renseignement dans un rapport de police publié par M. Nauroy, dans le *Curieux*, de décembre 1884. C'est donc une sorte de communication officielle.

« 29 juillet 1817. »

» Les courtisans de Madame donnent pour cause *des chagrins de Son Altesse Royale* les bruits *si répandus* de l'existence de son frère et les vexations exercées contre les Vendéens et les défenseurs de la famille royale, *les dires de M^mes Hue et Bazire* confirment cet incident. Ces dames font des réflexions sur la grande publicité et le pompeux éloge qu'on trouve dans tous les journaux de l'ouvrage intitulé : *Vie de Louis XVII,* par Eckard.

« Un motif de haute politique peut seul, disent-
» elles, donner lieu à vanter un écrit aussi ordinaire ;

désignés par des initiales ou par les noms, qu'ils les ont vus, lus, tenus entre leurs mains ; qu'ils en connaissent ou qu'ils en ont connu les auteurs, vivants ou morts, soit personnellement, soit par des intermédiaires dignes de foi.

Paris, le 1^er octobre 1851.

Signé : J. Sevigny, avocat ; D^r Noyer ; D^r Pascal ; Foyatier, sculpteur, membre de l'Institut historique.

» Madame est toujours muette lorsqu'on lui parle du
» Dauphin, mais cependant elle y pense, et *d'elle*
» *seule dépend la reconnaissance de cet infortuné* », etc.

Voici encore un prince de l'Église, le cardinal de la
Fare, dont les paroles montrent clairement sa croyance
à l'évasion. Cette croyance est rapportée dans la
*France* du 10 novembre 1883.

Voici ce que dit à ce sujet le général comte d'An-
digné dans ses *Mémoires :* « J'ai regretté, — dit-il, en
parlant du squelette trouvé au Temple, — que l'on
n'ait pas fait constater par une enquête le fait que je
rapporte ici, et que tous mes compagnons ont connu
comme moi. Sous la Restauration, j'en parlai au cardinal de la Fare, archevêque de Sens ; il me répondit
que M^me la Dauphine était persuadée que son malheureux frère n'était pas mort au Temple et qu'ainsi
nous ne pourrions que renouveler ses douleurs *sans
la convaincre* ».

Citons maintenant l'écrit du comte de Bruges et du
vicomte de Montchenu (1) délégués par la Dauphine
pour faire une enquête sur Richemont, et, disent-ils,
« se livrer aux investigations les plus minutieuses pour
arriver à constater l'exacte identité de S. A. R. Monsei-

______

(1) *L'Inflexible* du 22 mai 1850.

gneur le duc de Normandie, dauphin, *rayé du nombre des vivants par l'acte officiel et révolutionnaire* du 24 prairial an III (12 juin 1795), *acte évidemment faux*, ainsi qu'il résulte d'actes antérieurs et postérieurs et de déclarations de témoins qui sont prêts à déposer partout où besoin sera, *que le 'Dauphin n'est pas mort au Temple* et qu'ils l'ont vu et parfaitement reconnu depuis ».

Encore quelques mots sur cette question. Je rapporte les paroles de M. Nauroy dans *le Curieux* du 1er novembre 1883 :

« De tout temps le parti légitimiste a été divisé en ce qui concerne la question de Louis XVII ; encore aujourd'hui je pourrais citer telle famille où le frère et la sœur sont d'opinion diamétralement opposée à ce sujet. On peut voir dans M. de la Sicotière lui-même ce qu'il dit « de ces ultra-royalistes qui n'étaient pas » fâchés d'opposer aux Bourbons de la Restauration » l'hypothèse d'une légitimité meilleure encore que la » leur, et qui, pour satisfaire leurs défiances et leurs » ressentiments à l'endroit de Louis XVIII, ne recu- » laient pas devant les accusations les plus abominables » contre lui, et même contre la malheureuse duchesse » d'Angoulême ». Ainsi les ultra-royalistes de 1816 (date des pièces que j'ai publiées) auraient prêché l'existence de Louis XVII par pur jeu, sachant qu'il était mort ? Le jeu aurait été dangereux ! Il est beaucoup plus simple d'admettre que certains d'entre eux, le général Auguste de Larochejaquelein, par exemple, la prêchaient parce qu'ils étaient sûrs de son existence. Mais j'oubliais que M. de la Sicotière a eu l'imprudence de prononcer le nom du général Auguste de la Rochejaquelein pour le mettre de son côté, quand au même moment je découvrais, dans les Mémoires autographiés de la duchesse de Gontaut, le récit si caratéristique de son entretien avec la duchesse d'Angoulême (1). M^me de Tourzel, comme l'a fait remarquer M. Boiteau, dans les *Débats*, n'avait pas la confiance de la famille royale. M^me de Gontaut, au contraire, l'avait, et on trouve dans ses *Mémoires* un passage où elle déclare avoir trop vécu dans *l'intimité de la famille royale* pour se croire le droit de dire *certaines choses*. Que mes contradicteurs pèsent ses expressions, qu'elle a pourtant beaucoup pesées. Je ne peux m'empêcher de dire avec elle que la question Louis XVII est « bien délicate » ; et ce que, d'après son récit, le général Auguste de la Rochejaquelein (qui n'était pas un naïf, dont le dévouement aux Bourbons

(1) Nous donnons ce récit plus loin.

est incontesté, et dont la femme a été mêlée si intimement aux affaires de la duchesse de Berry, en 1832), a osé dire en face de la duchesse d'Angoulême, en 1832, j'oserai le dire en face à tous mes contradicteurs, présents et futurs : « Non, mille fois non, Louis XVII n'est pas mort au Temple ! »

C'est M. Nauroy qui parle ; mais tous ceux qui, sans parti pris, ont sérieusement étudié la cause, peuvent pousser le même cri.

Je m'arrête : les noms cités sont assez connus et suffisamment nombreux pour prouver quelle était l'opinion de ceux qui entouraient la duchesse d'Angoulême. Ils croyaient fermement à l'évasion, et ils allaient jusqu'à le lui dire en face.

Il est donc bien difficile que les sentiments de Madame n'aient point cadré avec ceux des personnes qui l'entouraient ; sans cela, elle ne les aurait point gardés ou appelés auprès d'elle.

# CHAPITRE IV



J'ai dit qu'il y avait lieu de penser que la duchesse d'Angoulême avait les mêmes sentiments que ceux qui l'entouraient. Il n'est même pas possible d'en douter, après avoir vu la liste si longue de ses démarches, de ses aveux, de ses remords. C'est ce que nous allons rapporter au lecteur dans les pages suivantes.

Ouvrons les *Mémoires de M^{me} de Tourzel*. On lit dans l'Introduction, due au marquis de la Ferronays, gendre du duc des Cars :

« M^{me} la Dauphine....., *pendant bien des années,* avait *gardé l'espérance* de retrouver son malheureux frère... Elle a tout fait... pour savoir s'il aurait pu échapper au long et infernal martyre auquel des monstres l'avaient soumis ».

Elle a tout fait !... et cela pendant bien des années ! Ce n'est donc pas sous l'obsession d'une idée passagère et sans consistance qu'elle a agi, mais d'après des convictions anciennes et sans doute fortement motivées.

Nous allons voir en effet que ses démarches datent de loin, des premières années de la Restauration.

Ce sont d'abord les visites à la Simon. On sait que cette femme fut longtemps soignée aux Incurables. Elle y répétait à qui voulait l'entendre que le Dauphin n'était pas mort au Temple. La duchesse d'Angoulême vint elle-même consulter ses dires. Une première fois, elle visita officiellement les Incurables, mais *des ordres avaient été donnés* pour éloigner la Simon, qui resta enfermée dans le « Capharnaüm » tant que dura la visite de Madame. Quand la duchesse fut partie, la pauvre femme fut désolée, elle s'écriait : « Quel malheur ! j'avais un secret à lui communiquer »... Elle fit des reproches à ceux qui l'avaient enfermée, et leur dit : « Vous m'avez joué un terrible tour !... je vous en voudrai toute ma vie !... »

Mais la duchesse revint, et cette fois incognito. La pièce suivante l'atteste (1) :

(1) *Mémoires d'un contemporain*, deuxième édition, page 63. Richemont, auteur de cet ouvrage, ne mériterait pas d'être cru sur sa seule parole, mais il a publié ce livre du vivant de M$^{me}$ de Beauregard et cette honorable dame n'a pas protesté, reconnaissant ainsi l'authenticité du témoignage à elle attribué.

« Je soussignée veuve Chauvet de Beauregard, demeurant à Versailles, rue de l'Orangerie, n° 52, certifie qu'à l'époque du procès de Mathurin Bruneau, une personne de mes amies m'engagea à aller aux Incurables pour y voir la femme Simon. Nous nous y rendîmes ensemble. La femme Simon nous assura que le Dauphin avait été enlevé du Temple ; qu'elle l'avait vu depuis et parfaitement reconnu ; elle ajouta qu'elle avait eu la visite de M<sup>me</sup> la duchesse d'Angoulême. « Cette princesse, nous dit-elle, ne m'avait point fait avertir de sa visite, et vint me voir dans une toilette très simple qui ne pouvait pas me faire deviner son rang. Elle me demande s'il était vrai que je disais, à qui voulait l'entendre, que *le Dauphin n'était pas mort au Temple*. Je lui répondis : Non-seulement *il n'est pas mort au Temple,* mais je l'ai revu depuis et parfaitement reconnu. — Bah ! me dit la princesse, vous voulez plaisanter. Comment serait-il possible que vous eussiez reconnu un enfant que vous avez quitté si jeune ? — Cela vous étonne, Madame ; que diriez-vous donc si je vous disais que je reconnais en vous la sœur du Dauphin, malgré la simplicité de vos habits et que je ne vous aie pas revue depuis un temps beaucoup plus long ? »

» A cette réponse, ajoute la Simon, la princesse me tourna le dos et se retira ».

« La religieuse qui nous avait accompagnées dans le petit cabinet où se trouvait la femme Simon nous dit que ce que cette femme venait de nous rapporter de sa conversation avec la princesse était exact, et qu'elle avait eu lieu devant M<sup>me</sup> la Supérieure.

» J'ajouterai que la femme Simon *jouissait à cette époque de toutes ses facultés intellectuelles ;* seulement elle était attaquée d'un asthme qui la forçait quelquefois d'interrompre sa conversation.

» Voilà ce que nous dit la femme Simon, ou à peu de chose près, et que je déclare être la vérité.

» Versailles, le 17 janvier 1832.

» Signé : Veuve CHAUVET DE BEAUREGARD ».

Si la duchesse d'Angoulême avait été sûre de la mort de son frère au Temple, aurait-elle cherché à constater par elle-même la vérité des assertions de la Simon ? Se serait-elle déguisée pour faire cette démarche ?

Elle, qui refusait plus tard de recevoir Nauendorff, de peur de se compromettre, n'a pas été toujours, on le voit, aussi craintive. Sa visite à la Simon en est une preuve ; j'en trouve une autre dans l'entrevue qu'elle eut avec un faux Dauphin en 1816. Je recommande à l'attention du lecteur la pièce suivante tirée de l'ouvrage de l'avocat Suvigny : *La Restauration convaincue d'usurpation.*

Pièce 56. — « Je soussigné, Charles, comte de Pons, déclare à qui il appartiendra, qu'en mon ancienne qualité de page de M. le comte d'Artois, en 1816, dans les premiers jours de mai, me promenant dans le parc de Versailles avec MM. Curial, de Montbrun et d'Arjuson, tous trois mes collègues, nous étions dans une vaste allée de charmille à jouer au cheval-fort, lorsque nous fûmes distraits de notre occupation par des personnes dont les voix animées se faisaient entendre dans une promenade rapprochée de la nôtre. Comme leur conversation était très rapide, elle fut l'objet de notre attention, et en particulier de la mienne : ayant prêté l'oreille et dirigé les yeux du côté d'où nous venaient ces accents, qui ne nous étaient point étrangers, nous reconnûmes M$^{me}$ la duchesse d'Angoulême, Mgr le duc de Berry et M. de Mouchy, capitaine des gardes ; un quatrième personnage était avec eux ; il avait la taille moyenne, il était blond, bien fait, le teint animé ; dans ses mouvements il y avait de la grâce, du geste : sa voix était douce et sonore.

» N'ayant rien compris au commencement de la

conversation, nous entendîmes ces paroles prononcées par l'inconnu, avec des mouvements convulsifs, ses mains se poignant sur sa tête : « Ah ! ma sœur ! ma sœur ! A ces mots, la duchesse répondit : Allez ! Allez ! vous êtes la cause des malheurs de ma famille !... » Mgr le duc de Berry était ému ; M. de Mouchy, qui était à une distance respectueuse, s'approcha et dit à l'inconnu qu'étant de service il ne pouvait le laisser davantage dans le parc où sa présence était ignorée ; alors le groupe se retira.

» Etonnés de ce que nous venions d'entendre, nous retournâmes au château ; mais, à la porte, nous trouvâmes M. de Mouchy, qui parut surpris de nous voir. Il nous demanda d'où nous venions, ce que nous avions fait, si nous n'avions rien entendu ! Nous lui répondîmes que nous venions de jouer au cheval-fort, et que nous n'avions rien vu ni entendu. Il rentra en nous disant : « Vous êtes bien heureux ! » et en donnant l'ordre à M. de Montbrun d'aller le trouver le même soir à cinq heures.

» Au Poyet, commune de Pouilly-sous-Charlieu, le 2 octobre 1842.

» Signé, le comte de Pons.

» Vu pour la légalisation de la signature du comte de Pons,

» Pouilly-sous-Charlieu, le 26 décembre 1842.

» Signé : le maire, E. Brossard. »

Peu importe pour le moment quel était le personnage qui jouait le rôle du Dauphin. Peut-être était-ce Marassin, l'envoyé de Nauendorff. Ce que je vois d'après cette pièce, c'est que le duc de Berry et M^{me} la Dauphine devaient croire à l'évasion.

En effet c'est peu de temps après cette scène que le duc de Berry répondit à Nauendorff, qui lui avait écrit de Prusse, cette noble parole : « Ou vous recouvrerez la couronne, ou j'y perdrai la vie ».

C'est peu de temps après cette entrevue qu'ont lieu les tentatives de la duchesse d'Angoulême pour voir le prisonnier de Rouen, qui, tout d'abord, n'était autre que Marassin, celui probablement qu'elle avait reçu dans le parc de Versailles.

Je lis dans Jules Favre, page 338 :

« Un parent de M^{me} veuve J..., qui vit encore (1874), faisait dans sa jeunesse partie d'abord de la garde d'honneur, puis de la garde de Monsieur. Il a souvent raconté à ses parents, et il répétera qu'en 1816, lorsqu'il fut question de l'arrestation d'un faux dauphin, emprisonné à Orléans, M^{me} la Dauphine pria instamment le roi Louis XVIII de lui permettre de voir ce personnage, qui lui avait été annoncé avoir un signe infaillible de reconnaissance. Le roi *le lui défendit absolument*. La princesse s'adressa alors à son beau-père, M. le comte d'Artois, prenant le prétexte d'une chasse, et lui demanda une escorte dont le parent de M^me veuve J... fit partie. Elle se dirigea vers Orléans ; mais elle fut forcée de rétrograder sur un ordre venu du roi. *Elle ne céda qu'après une scène violente avec l'officier porteur de l'ordre.* Elle sut ensuite que l'individu, conduit à Rouen pour y être jugé et condamné, n'était pas celui qu'on produisit à la cour d'assises de Rouen ».

Ce n'est pas tout : n'ayant pu voir le prisonnier au moment de son arrestation, la duchesse d'Angoulême continua néanmoins ses démarches. Voici le témoignage de M^e Bourbon-Leblanc, avocat choisi par le premier prisonnier. Je ne rapporte que ce qui a trait à M^me la Dauphine.

« M^me la duchesse d'Angoulême lui envoya MM. de M... (1) et de M... ; car elle était pertinemment au fait de l'enlèvement ou de l'évasion du Temple, les détails dans lesquels le prisonnier était entré ont persuadé à la princesse qu'il était sinon son frère, *au moins le mandataire de celui-ci ;* car dans une lettre sous le numéro 3, daté du 18 mars 1816, il lui écrivait en ces termes :

---

(1) De Montmort, comme nous le verrons plus loin, et de Marguerit.

« Vos ambassadeurs, ma sœur bien aimée, m'ont
» remis, le 15 courant, pour preuve de votre aveu, la
» dernière fois que je vous ai écrit, le 2 de ce mois,
» un seul mot de vous, comme je devais l'espérer
» après les tentatives répétées si infructueusement ;
» ils ont rapproché nos cœurs et franchi pour jamais
» les barrières élevées par le crime. »

« J'extrais textuellement ce paragraphe sur la copie
de la lettre qui m'a été soumise et que j'ai conservée. »

Quel fut l'ambassadeur de Madame auprès du prisonnier de Rouen ? J'ai nommé M. de Montmort, je
vais en faire la preuve. Voici ce qu'il a écrit lui-même
à M. Suvigny :

Nice, ce 1<sup>er</sup> janvier 1850.

« En 1817, de service chez Son Altesse Royale
M<sup>me</sup> la duchesse d'Angoulême, je reçus un assez
gros paquet à l'adresse de son Altesse, et un autre à
moi adressé, qui me priait de remettre le gros pli à
Madame. Ne pensant pas qu'il fût ordinaire qu'un
officier des gardes pût se permettre une pareille démarche, je résolus de communiquer cette missive à
M. le Maréchal de Viomesnil, mon oncle, qui me dit
que malgré la bizarrerie de la lettre, je devais la remettre à Son Altesse...

» D'après ce conseil, je me rendis chez Son Altesse

Royale, à qui je remis les deux lettres, et qui me parut étonnée de l'une et de l'autre missive. Puis, après avoir salué Son Altesse, nous sortîmes ».

A la suite de cette démarche, il va à Rouen, *voit le prisonnier, qui pourtant était au secret,* comme nous l'apprend Mᵉ Bourbon-Leblanc, l'interroge et revient à Paris. Il dit en terminant sa lettre :

« Ayant écrit le sommaire de toutes nos conversations, je le remis à Son Altesse Royale, à mon retour à Paris. Au bout de quelques jours, Madame me remit le paquet, que je portai à M. Decazes, qui trouva bon de dire : « Si cet homme est Louis XVII, » on lui rendra son droit (1) ». Puis, je sortis. »

Entre cette démarche et une mission spéciale, où est la différence ? Le comte de Montmort n'a pas voulu l'avouer en 1850, mais trente-trois ans plus tôt, il était plus jeune, moins politique et plus franc. Le rapport suivant, publié par M. Nauroy, dans *le Curieux* de décembre 1884, le prouve parfaitement :

« 22 septembre 1817.

» Il résulte de tous les renseignements recueillis sur le compte de M. de Foulques... que s'il a commis

(1) A quoi bon cette parole, si le comte Decazes eût été sûr que le Dauphin était mort au Temple ?

quelque imprudence dans l'affaire du prétendu
Louis XVII, notamment celle de se charger d'une
mission auprès de Son Altesse Royale Madame (mission qu'il n'a cependant pas remplie à cause des
obstacles qu'il a éprouvés), c'est qu'on est parvenu à
le persuader que la cause du prisonnier de Rouen
était celle de la légitimité, et que la démarche elle-
même de M. le comte de Montmort et de M. de
Marguerit a dû nécessairement contribuer à fortifier
cette erreur.

» On se rappelle, en effet, que ces deux personnages
*se présentèrent* à Charles, lorsqu'il était encore à Bicêtre,
*comme envoyés de la princesse,* en disant qu'elle était
tourmentée d'un pressentiment secret qui l'avertissait
*de l'existence de son malheureux frère.* M. de Foulques,
présent à cet entretien, crut trouver dans ce langage
un motif de plus de penser qu'il suivait la bonne
conduite ».

Il est donc certain que la duchesse d'Angoulême
voulut non-seulement voir le prisonnier, mais fit faire
une sorte d'enquête pour vérifier s'il était celui qu'elle
cherchait, et ce rapport de police confirme d'une manière inespérée et sans réplique les dires de Me Bourbon-Leblanc, affirmant que Mme la Dauphine avait

envoyé MM. de M... et de M... au prisonnier de Rouen.

Ce n'est pas d'ailleurs la seule fois que la duchesse d'Angoulême ordonna une enquête à propos du Dauphin. En mars 1834, elle chargea le vicomte de la Rochefoucault et le marquis de Pastoret, chancelier de France, d'étudier les documents de Nauendorff; mais quand on vit qu'il s'y prêtait avec joie et loyauté, on y renonça bien vite (1).

En 1839, c'est le comte de Bruges et le vicomte de Montchenu qui sont chargés, par l'intermédiaire du duc de Blacas, de faire une enquête (2) sur « l'état de naissance » de Richemont. Elle fut commencée, mais de nouveaux ordres vinrent l'interrompre.

Outre ces enquêtes particulières, M. de la Rochefoucault, qui habitait Paris, avait été chargé par la duchesse d'Angoulême de contrôler les affirmations de Nauendorff, et de la tenir au courant de sa vie. En effet, dans les Mémoires qu'il a publiés, et où il raconte complaisamment ses relations avec le duc de Normandie, nous trouvons diverses lettres adressées à la Dauphine; nous allons les reproduire. On verra ainsi

(1) Voir plus loin à propos d'une lettre écrite à la duchesse d'Angoulême.

(2) Nous en avons déjà parlé plus haut.

que Marie-Thérèse était parfaitement renseignée non-
seulement par les partisans du Prince, mais aussi par
ses propres affidés.

« Montmirail, 16 novembre 1833.

» MADAME,

» Quel que soit le résultat de cette lettre, Votre
Altesse Royale n'y verra sans doute que le nouvel
effet du zèle aussi vif que respectueux et profond dont
je suis constamment animé pour les intérêts de son
auguste maison.

» Votre Altesse Royale doit se rappeler qu'un soir,
à Bustchiérad, *elle parla de Louis XVII,* et que chacun
s'évertua sur ce sujet en conjectures, en raisonne-
ments, en plaisanteries mêmeplus ou moins fondées.
Après m'être tu quelque temps, je parlai sérieusement,
à mon tour, de la mission de Martin, dont Madame
avait elle-même eu connaissance dans le temps.
J'ajoutais que, pour moi, cette mission avait eu alors
tout le cachet de la sincérité du visionnaire, et qu'elle
n'avait pas moins frappé le feu roi Louis XVIII,
comme il m'était facile d'en donner la certitude.

» Depuis mon retour de Prague, j'avais entendu dire,

sur une nouvelle apparition de Louis XVII, des choses assez étranges auxquelles Martin se trouvait mêlé, et dont *je sais que Madame a été particulièrement instruite.* Je crus devoir écrire à Martin. Il me confirma ce qui m'avait été rapporté, savoir : « Qu'il avait entendu la » même voix lui ordonner de partir immédiatement » et de se rendre auprès de Louis XVII, enfin re- » trouvé ; qu'il l'avait vu, reconnu, et qu'il ne con- » servait aucun doute sur son identité, etc. ». Votre Altesse Royale devinera facilement que je ne fus pas convaincu par cette assertion d'un homme honnête, je le crois toujours, mais qui disait avoir reconnu âgé un Prince que, je suppose, il n'avait jamais connu dans son enfance (1) ; *mais je me décidai néanmoins à tout examiner avec un soin religieux.*

» Je me transportai aussitôt auprès du personnage qui, pendant quelque temps, s'était tenu silencieusement à une certaine distance de Paris, et je me trouvai en présence d'un homme dont on ne peut nier quelque ressemblance vieillie avec les portraits bien étudiés de Louis XVII et les traits généraux de la

---

(1) Eh ! ce n'est pas d'après les moyens humains que Martin reconnut Louis XVII, mais d'une manière surnaturelle ! Mais ne portons point la question sur ce terrain, c'est dangereux.

famille des Bourbons. Son attitude était simple et ne semblait nullement embarrassée ou calculée. Il avait été prévenu de ma visite. « J'ignore, Monsieur, lui dis-je en l'abordant, à qui j'ai l'honneur de parler, et je ne puis avoir jusqu'à présent pour vous que « le » respect que j'accorde toujours au malheur ». Ici je parlai de ce qui s'était passé précédemment avec Martin. Puis j'ajoutai : « Ma vie toute entière, » Monsieur, a été vouée au principe de la légitimité, » et je me croirai aussi coupable d'adopter facilement » une semblable proposition que de la repousser légè- » rement. Tant que la vérité des faits qui vous con- » cernent ne me sera pas aussi clairement démontrée » que l'existence de Dieu, ma fidélité et ma foi poli- » tique sont à Henri V uniquement. Je vous suppose » digne de toute mon estime, Monsieur, mais je ne » croirai pas mériter la vôtre si je vous tenais un autre » langage. Quel sera sur vous l'effet de ce que je viens » de dire ? Peu m'importe. Quand je m'acquitte de ce » que je regarde comme un devoir, je m'occupe peu » de plaire ou de déplaire. Je me mets donc à votre » disposition, Monsieur, non pas pour servir les » intérêts de Louis XVII, dont j'ignore l'existence » fort douteuse à mes yeux, mais uniquement pour » vous donner et vous faciliter les moyens de prouver

» la vérité et l'identité du personnage que vous pré-
» tendez être ».

» Je gardai le silence alors et me mis à l'examiner,
d'un œil froid et sévère, avec une sérieuse attention.
Je répète que *son attitude était calme et naturelle*. Ses
yeux sont assez pénétrants : sa physionomie était
attentive et reposée, et ne peignait ni *étude* ni empressement. Il s'anima peu à peu en parlant ; il entend très
bien le français, qu'il ne prononce pas facilement
toutefois. Il me prit fortement la main et me répondit :

» Un pareil langage, M. le Vicomte, a droit à
» toute mon estime. Quelque chose, ajouta-t-il, en
» mettant la main sur son cœur, confirme ce que l'on
» m'a dit, que vous êtes un homme d'honneur, et je
» vous donne toute ma confiance, assuré, quoi qu'il
» arrive, que vous ne pourriez jamais la trahir. J'ai
» été si indignement trompé que j'ai dû devenir
» méfiant ; mais je ne puis l'être avec vous. Le mo-
» ment est arrivé où les décrets du ciel vont enfin
» s'accomplir. J'ai été victime des plus horribles
» persécutions, j'ai eu beaucoup à me plaindre de ma
» famille. Le duc de Berri fut le seul qui tenta de me
» faire reconnaître ; il a été assassiné ; ma pauvre
» sœur a été odieusement abusée, je veux l'éclairer ;
» je désire encore cette fois sauver l'honneur de ma

» famille. Je veux reconnaître Henri V ; je proteste
» contre sa majorité à treize ans, parce que je crois
» qu'elle serait funeste au repos de la France; mais
» je ne réclamerai la couronne que pour la placer un
» jour sur sa tête, et je veux qu'il soit sacré le même
» jour que moi. Ah! qu'il est dur de porter aujour-
» d'hui une couronne ! Je ne la réclamerai que pour
» obéir aux décrets du ciel ; maintenant je ne réclame
» qu'un nom, qu'une famille. Mais je les veux à tout
» prix. Je suis assuré de me faire reconnaître de ma
» sœur *après dix minutes* d'entretien, je le lui propose;
» je le lui demande; *je vous remettrai* une lettre pour
» elle ; qu'elle se rende à Dresde, sous un prétexte
» quelconque, cela est facile; mais si, poussée par sa
» destinée ou abusée par des conseils perfides, elle
» avait le malheur de me refuser (ce que Dieu me
» préserve de supposer !), alors mon parti est pris ! il
» est irrévocable. Malheur à ma famille ! malheur à
» tous ceux qui m'ont trahi ! Toutes les iniquités
» seront hautement démasquées. Mon existence est
» connue de tous les souverains. (Il s'animait visible-
» ment). *Je me livre moi-même aux tribunaux français,*
» réclamant un nom qu'ils ne pourront me refuser.
» Dieu fera le reste. Est-ce là, Monsieur, la conduite
» d'un vil imposteur ? Eh bien ! *alors la justice le démas-*

» *quera et il finira sa vie dans un cachot.* Oui, M. le
» Vicomte, ajouta-t-il, et des larmes roulaient dans
» ses yeux; oui, je suis bien le fils de l'infortuné
» Louis XVI, et l'avenir n'est pas éloigné qui va
» bientôt le prouver. Prenez ce cahier; c'est le récit
» de ma vie malheureuse. Je le confie à votre loyauté.
» Il vous révèlera des choses horribles; je pardonne,
» mais, enfin, je veux mon nom, et il est temps que
» justice se fasse. Je vous reverrai dans trois jours ».

» Il ne serait peut-être pas facile à Madame de se
figurer et de comprendre *l'espèce d'étourdissement* que
j'éprouvai en voyant un homme, dans cette situation,
parler tout courant de sa famille, qui, simplement,
était la famille des Bourbons, de sa sœur, qui était
M^me la duchesse d'Angoulême, de M. le duc de Berry
qui avait péri à cause de lui (1), de Henri V qu'il
voulait reconnaître, couronner et faire sacrer en même
temps que lui, de sa protestation contre une majorité
de treize ans, etc., etc. *La tête et le cœur en tournaient;*
et cependant, je dois le dire encore, *il n'y avait dans
les manières, dans le ton, dans la suite des discours de ce
personnage, rien qui ressemblât à de l'audace, à de l'imposture, bien moins encore à la friponnerie;* et si c'est une

---

(1) C'est Larochefoucault qui dit cela, le Prince ne l'a pas dit.

folie, une monomanie, une idée fixe, une pensée innée ou suggérée, elle est si calme, si raisonnée, si PERSUADÉE, qu'elle en devient presque persuasive.

» Tout cela durait depuis une heure et demie environ, il fallait y mettre un terme. Je pris le cahier qu'il m'avait présenté, et je lui dis :

» Je lirai avec attention et intérêt sans doute, » Monsieur, mais un récit n'est pas une preuve, et » permettez-moi de vous le dire encore, ce sont des » preuves qu'il faut ici, et des preuves de plus d'un » genre ». — « Elles ne manqueront pas, répondit-il, » je les fournirai au jour du besoin, soyez-en certain » ; et je le quittai.

» Je l'ai revu une fois depuis, et la même impression m'est restée ».

Tel est le « Mémoire » qu'il crut devoir adresser « à M<sup>me</sup> la duchesse d'Angoulême sur toute cette étrange affaire ».

Depuis il lui a écrit plusieurs lettres. Quand le Prince eut échappé à la tentative d'assassinat dont j'ai déjà parlé, il en instruisit la duchesse d'Angoulême dans les termes suivants :

« Paris, 29 janvier 1834.

» MADAME,

» Une circonstance importante a précédé de quelques jours le retour de M. de... (1) *Je ne la juge point, bien qu'elle soit grave :* je me borne à la raconter :

» On vint me prévenir, le 29 janvier, en toute hâte, que le personnage avait été atteint, la veille, à huit heures de soir, de plusieurs coups de poignard, dont un paraissait assez profond, mais qu'on ne le croyait pas en danger. Je m'y rendis le lendemain et j'examinai le tout avec le plus grand soin ; je voulus voir et je vis la plaie et tous les habits percés de plusieurs coups ; tous les linges baignés de sang. *La blessure est à quelques lignes du cœur ;* au-dessous se trouve une contusion fort douloureuse, causée par la pression violente d'une médaille d'argent percée de part en part, et qui semble avoir paré un coup qui eût été sans *rémission...*

» Comprenant cependant la nécessité de constater tous les faits, j'ai envoyé un homme de l'art habile et discret ; il ignore entièrement quel est le blessé. Les

(1) M. Morel de Saint-Didier.

procès-verbaux ont été dressés avec la plus scrupuleuse exactitude ; une saignée faite, un régime ordonné. Le malade est bien ; mais la suppuration annonce une plaie *assez profonde, que quelques lignes de plus rendaient mortelle. .* »

Vous voyez, lecteurs, avec quelle exactitude les faits étaient rapportés à M^me la Dauphine, et quel soin son envoyé prenait pour lui faire tout savoir.

Peu de temps après il écrit encore :

« Paris, le 11 février 1834.

» Madame,

» L'affaire dont j'ai eu l'honneur d'entretenir Votre Altesse Royale semble acquérir tous les jours assez de gravité pour que je crusse manquer à ma conscience si je lui laissais ignorer les circonstances qui l'accompagnent. Je ferai tout ce qui conviendra pour découvrir la vérité ou l'erreur. Là se borne ma *mission.* Je dois, pour être impartial, ajouter que plus on voit, plus on examine le personnage en question, et plus on pourrait être tenté de lui trouver des points de ressemblance avec la famille royale, et, *sous plus d'un rapport, le cachet de la vérité ;* mais tel n'est pas pour moi le point de la question ; c'est Madame seule dont le souvenir et les témoignages peuvent décider ; et je répète à chaque instant de la manière la plus formelle qu'avant preuve patente, tous les efforts possibles ne me feront point faire un pas ou un aveu dans le sens de la conviction. Le personnage qui se dit Louis XVII, indigné qu'on lui refusât une entrevue qu'il regarde comme chose fort simple, voulait se livrer à l'instant même aux tribunaux français, et leur demander un nom qu'on ne peut lui refuser, si, comme on l'affirme, il a en sa possession des preuves irrécusables. Dans mon opinion, ce serait une démarche fâcheuse, et qu'il serait à désirer qu'on évitât. *J'ai obtenu*, à grand'peine, qu'un mois, mais pas un jour de plus, serait encore accordé après le départ de cette lettre, afin d'en recevoir la réponse. Le terme expiré on n'hésite plus, m'a-t-on dit avec un ton qui trompe difficilement... »

A cette même époque, le Prince eut chez M. de Larochefoucault une entrevue avec M. Janvier, député royaliste influent, qui l'interrogea « *dans tous les sens* PENDANT TROIS HEURES ». Puis M. Janvier lut le mémoire du Prince, et il fit sur lui une impression telle que M. de Larochefoucault crut « devoir écrire sur-le-champ la lettre suivante à Madame :

« Madame,

« J'apprends à l'instant même le départ du porteur de cette lettre, et quoique n'ayant qu'un moment à ma disposition, je me hâte de l'écrire pensant qu'elle peut *être attendue avec quelque impatience* (1).

« Différentes circonstances ont retardé la remise du mémoire. Je ne l'ai point encore lu; je ne puis donner mon opinion personnelle; mais voici celle de M. Janvier; elle est d'un grand poids à mes yeux; la mienne arrivera plus tard.

» Les premières impressions produites sur M. Janvier par l'individu ont été loin de se confirmer à la lecture du factum. Il trouve cette histoire un tissu d'invraisemblances et presque d'extravagances qui ne saurait par conséquent lui inspirer aucune sécurité.

» Je quitte à l'instant le personnage auquel j'avais donné rendez-vous pour lui faire connaître le résultat de l'examen de M. Janvier. Je le lui ai dit avec une franchise entière. Je croyais qu'il en éprouverait quelque émotion. *Je n'en ai pas aperçu la trace*; au lieu de cela même je l'ai trouvé calme, résigné et ne semblait nullement abattu. « Convaincu, m'a-t-il dit, que

_______________

(1) Madame s'y intéressait donc bien?

» le Dieu qui l'avait protégé à travers tant de dangers
» et d'une manière si miraculeuse ne laisserait point
» son ouvrage incomplet ». Je l'ai prévenu que
j'allais écrire à Madame.

» Il m'a proposé d'envoyer ce mémoire à Son
Altesse Royale avant ou après l'avoir fait imprimer,
ce à quoi il paraît décidé. Il m'a répété, en l'affirmant,
que le cabinet de Prusse possédait les preuves de son
identité, ainsi que Louis-Philippe. « Eh quoi ! s'est-il
» écrié, avec un accent douloureux, Dieu permettrait-
» il que j'en fusse réduit à passer pour un imposteur ?
» Ma sœur persistera-t-elle à refuser de me voir ? Non,
» c'est impossible ; *elle se doit à elle-même de m'entendre.*
» Après un quart d'heure d'entretien, il ne lui restera
» pas un doute. Je serai à jamais l'imposture ou la
» vérité. Je ne crains rien ; ma famille est maintenant
» à Dresde ; qu'elle la voie et qu'elle me fasse dire de
» m'y rendre. Qu'elle me voie aussi sous un nom
» supposé. ELLE VERRA SI LE SANG NE PARLE POINT, et
« si je ne la reconnaîtrai pas promptement. On peut
» demander le nom de ma famille sur le nom de
» M^me de Génerés de Surville, à Dresde, rue
» Village d'Italie, n° 10 ». J'ai promis de répéter
littéralement sa conversation, et je tiens parole en
continuant d'ajouter que pour lui, *il vaut mieux voir*

cet homme que de le lire. J'ai oublié, je crois, de dire à Madame ce que j'ai appris touchant la mort de Martin : c'est qu'on a vainement essayé de l'engager à se rétracter à ses derniers moments au sujet du personnage. Il a persisté (1). On me presse pour emporter ma lettre.

» Je suis, Madame, etc.

» Paris, juin 1834. »

Ainsi, de 1816 à 1835, et plus tard encore, la duchesse d'Angoulême fit plusieurs démarches pour savoir ce qu'étaient les individus qui revendiquaient les titres et les qualités du fils de Louis XVI.

Une simple question en terminant : Aurait-elle agi ainsi si elle avait été *sûre* ou même CONVAINCUE de la mort de son frère au Temple ?

La réponse est facile.

(1) Oui, et à cause de cela on l'a empoisonné, puis étouffé, selon le rapport précis de M. le docteur Duval.

# CHAPITRE V



REMORDS DE LA DUCHESSE D'ANGOULÊME.

Nous l'avons vu, pendant un espace de plus de vingt ans, des démarches furent faites plusieurs fois, réitérées sur l'ordre de M^me la Dauphine, pour découvrir son malheureux frère. Cette persistance, même après qu'elle eut été trompée dans son attente, même après les ordres formels de Louis XVIII, suffirait à nous démontrer sa croyance à l'évasion.

Mais voici quelque chose de plus fort. Ce sont les remords et les chagrins qu'elle n'a cessé de manifester toute sa vie. Les tristesses mystérieuses de la duchesse d'Angoulême sont bien connues ; nous allons en citer quelques exemples.

On lit dans une lettre de M. Gruau de la Barre au baron Capelle, lettre insérée dans *la Voix d'un Proscrit* du 20 août 1837 :

« Une dame d'honneur de la duchesse d'Angoulême couchait dans une chambre attenante à la sienne. Une nuit (1) elle l'entendit se lever et marcher avec rapidité, puis bientôt elle se mit à pleurer et à éclater en sanglots. « Mon frère ! mon pauvre frère !... » furent les seules paroles qu'elle prononça.

» La dame, effrayée, entra pour s'informer si Son Altesse était indisposée. La duchesse demanda vivement : « N'avez-vous rien entendu ? — Non, Madame. « — Eh bien ! si vous avez entendu, *ne le dites jamais !* »

» La dame d'honneur était la duchesse de Damas. Nous le tenons de M. Gruau de la Barre, qui le tenait d'une dame à qui la duchesse de Damas en avait fait la confidence ». (*Légitimité*, tome III, page 575.)

On lit encore dans *la Voix d'un Proscrit*, page 69 :

« M<sup>me</sup> d'Av... qui habite le département de Maine-et-Loire, et qui a été reçue souvent dans l'intimité de la duchesse d'Angoulême, racontait, il y a peu de semaines (mai 1839), que cette princesse lui avait dit plusieurs fois dans leurs entretiens : « Ah ! de quel

---

(1) La circonstance dans laquelle ce fait se passa est bien caractéristique. Ce fut la nuit du 4 au 5 août 1834. Comme le lecteur le verra plus loin, dans la journée du 4 août, Madame s'était rencontrée, à Dresde, avec la famille Nauendorff. Le lendemain, le Prince devait aussi arriver dans cette ville. Mais la duchesse ne l'attendit pas : après cette nuit troublée, elle partit précipitamment, pour ne pas faire connaître à tous le fatal secret qu'elle ne pouvait plus garder.

» fardeau pénible je serais soulagée si l'on m'apportait
» la nouvelle de la mort de mon frère ! »

» Cette parole, dit Osmond, indique à la fois et
qu'elle savait son frère sorti vivant du Temple, et
qu'elle eût préféré le savoir mort depuis, que de ne
pouvoir le reconnaître ».

On lit dans *Louis XVII vengé,* par Victor de Stenay :

« Après la mort de cette princesse (Madame), le duc
de Doudeauville (M. de Larochefoucault) regarda
comme un devoir d'aller faire une visite de deuil à
M. le comte de Chambord. Il était bien loin de prévoir
l'accueil qui l'attendait, après les témoignages de profonde amitié qu'il était habitué de recevoir du Prince :
« Monsieur, lui dit Monseigneur, je n'oublierai jamais
» que vous avez empoisonné les derniers mois de la
» vie de ma tante avec votre fable absurde de
» Louis XVII et le vil imposteur que vous avez voulu
» lui faire reconnaître pour son frère (1), *vous avez*
» *troublé par des remords imaginaires l'âme d'une sainte*
» *jusque dans son agonie* ». La voix du prince avait
presque le ton de l'emportement, et sa physionomie
était haute et sévère. Le duc répliqua avec vigueur et

(1) Le duc de Larochefoucault Doudeauville, après avoir espionné
Nauendorff, était devenu la dupe et le partisan de Richemond.

avec tout le sentiment d'une dignité personnelle offensée, et mit fin à cette discussion violente des deux côtés par ces paroles : « Souvenez-vous, Mon- » seigneur, qu'aucun homme n'a encore osé me parl er » comme vous venez de le faire... »

Peu nous importe, en ce moment, au sujet de qui Madame avait ces appréhensions et ces remords. Ce que nous voulons constater dans ce fait, c'est encore sa croyance à l'évasion : elle y croyait fermement, et pouvait être incertaine de l'identité.

Tout le monde a entendu parler des tristesses de M^me la Dauphine.

Le *Gaulois* du 28 avril 1884 reproduit un extrait des *Mémoires de la duchesse de Gontaut*. Voici le passage important :

« Le général de la Rochejaquelein était avec nous (1). Un jour il aborda le sujet *bien délicat* de Louis XVII. Tirant de sa poche le portrait d'une inté- ressante figure, il a dit à M^me la Dauphine : « C'est » celui de votre infortuné frère... » Là-dessus s'en- gagea une conversation qui *agita fortement* M^me la Dauphine. M. de la Rochejaquelein était dans la persuasion que ce prince vivait encore : « Comment

(1) Pendant un voyage de Rotterdam à la Haye en 1832.

» avez-vous pu croire, s'écria-t-elle avec vivacité,
» que, s'il eût été possible de conserver le moindre
» doute, j'eusse pu hésiter à le reconnaître hautement ?
» est-il vraisemblable que j'eusse préféré un oncle (1)
» à mon frère ? » Mademoiselle écoutait sans comprendre, malgré toute son attention ; elle hasarda
avec timidité quelques questions auxquelles M^me la
Dauphine répondit : « M^me de Gontaut vous apprendra
» *de cruelles choses de qui je n'ai pas le courage de vous*
» *parler*. Je partirai de bonne heure demain matin :
» vous resterez seules ; *vous saurez tout et comprendrez,*
» *mon enfant, une tristesse* que quelquefois vous avez
» pu prendre pour de la brusquerie ». — Le lendemain, de bonne heure, M^me la Dauphine partit ;
elle fit un chemin énorme, à pied, seule, mais nous
permit de la rejoindre au moment du déjeuner... *elle*
*avait beaucoup pleuré ;* en apercevant notre voiture qui
la suivait au pas, elle s'arrêta. — Mademoiselle descendit, se précipita dans les bras de sa tante, et, dans
l'expansion de son jeune cœur, elle témoigna vivement
et en peu de mots son admiration. M^me la Dauphine
lui imposa silence et lui dit : « J'ai bien souffert !

(1) Peut-être ne s'agissait-il pas de son oncle, mais de son mari et...
de la couronne.

» *A présent que vous le savez*, Louise, remontons en
» voiture et voyageons ensemble ». Nous repartîmes ».

A cette époque, Mademoiselle avait quatorze ans ;
son éducation par conséquent était déjà avancée, et
elle devait connaître l'histoire de Louis XVII, comme
le premier enfant venu. Elle qui faisait partie de la
famille royale ne pouvait ignorer, ni le procès de
Louis XVI, ni les souffrances et la mort de Marie-
Antoinette et de M^me Elisabeth, ni les douleurs de la
duchesse d'Angoulême, ni enfin les tortures et la mort
prétendue du Dauphin dans le Temple.

Le premier devoir d'un enfant des rois est de connaître l'histoire de son pays, de la contrée sur laquelle
sa famille a régné, et Mademoiselle n'avait certainement pas manqué à ce devoir ! Or, toutes les histoires
officielles relatent les faits que j'ai mentionnés ; elle
les savait donc.

Que put alors lui apprendre la duchesse de Gontaut ?

Dans un passage de ses *Mémoires* elle déclare avoir
trop vécu dans l'intimité de la famille royale *pour se
croire le droit de dire certaines choses*. Et cela, en parlant
de la question Louis XVII.

N'est-ce pas une de ces « certaines choses » que,
sur l'ordre de la duchesse d'Angoulême, elle révéla à
Mademoiselle ?

Elle dut lui expliquer pourquoi la question Louis XVII était un sujet « bien délicat ».

Elle lui dit combien Madame était malheureuse de ne pouvoir reconnaître son frère, empêchée qu'elle était par son passé et par certains membres de sa famille.

Elle lui révéla les tortures de la duchesse luttant contre son oncle, le matérialiste comte de Provence ; elle lui fit connaître les causes mystérieuses d' « une tristesse que quelquefois elle avait pu prendre pour de la brusquerie ».

Et alors je comprends l'admiration de Mademoiselle ! Son jeune cœur, qui ne faisait que s'ouvrir aux premières épines de la vie, ne comprit pas la grandeur de la faute de la duchesse d'Angoulême. Elle vit seulement qu'elle avait souffert, qu'elle souffrait encore, et cela pour ne pas déshonorer la mémoire du chef de sa famille, auquel elle avait sacrifié, quoi qu'elle en dise, ses convictions et son amour fraternel.

C'est le principe d'obéissance que la princesse admire et non la conduite de Madame.

Quoi qu'il en soit, nous voyons quelle tristesse saisit M<sup>me</sup> la Dauphine quand on lui parle de son frère ; ce récit a été tracé par une plume autorisée. —

C'est tout ce que nous voulons constater pour le moment.

Or, cette tristesse, je n'hésite pas à le dire, ces remords, datent de loin, avant même que Nauendorff fût venu en France et que la reconnaissance des anciens serviteurs de Louis XVI eût fait du bruit autour de son nom et eût donné à réfléchir à la fille de Marie-Antoinette.

Ce n'étaient donc point les bruits répandus dans la France sur le Dauphin retrouvé qui pouvaient à cette époque influencer la duchesse d'Angoulême; si elle pleurait, si elle se repentait, c'était d'une faute intime contre son malheureux frère.

Et de quoi pouvait-elle se repentir envers lui? Quand ils furent séparés, ces pauvres enfants étaient trop jeunes pour avoir commis de grandes fautes l'un envers l'autre.

Quelle était donc la cause des larmes de Madame? Était-ce le souvenir des tortures endurées par son malheureux frère dans la prison du Temple?

Je ne puis le croire. Il y avait trop longtemps que ces évènements étaient passés pour que *le souvenir seul* arrachât des larmes si brûlantes à M<sup>me</sup> la Dauphine.

J'ajouterai même autre chose : quand on a éprouvé

autant de malheurs, quand on a une vie aussi torturée, aussi tourmentée que celle de la duchesse d'Angoulême, c'est un fait d'expérience reconnu par la psychologie que souvent les larmes se tarissent et qu'il faut une cause bien grave pour les faire couler.

Une seule réponse, à mon sens, peut résoudre les questions posées.

La duchesse d'Angoulême savait que son frère était sorti vivant du Temple ; elle avait reçu plusieurs lettres de lui, et, pour obéir à son oncle, elle n'était pas allée à celui que son amour de sœur appelait, elle avait fait taire son cœur.

Et voilà pourquoi elle pleurait.

# CHAPITRE VI



LA DUCHESSE D'ANGOULÊME AVOUE FORMELLEMENT L'ÉVASION.

Jusqu'ici nous avons constaté, d'après la manière d'agir de M^{me} la Dauphine, qu'elle devait savoir, qu'elle savait certainement l'évasion. Ce chapitre va nous mener plus loin. Nous allons la voir avouer formellement, soit par ses actes, soit par ses paroles, qu'elle savait son frère sorti vivant du Temple. Ses aveux, rapportés par des témoins honorables, nous sont d'un précieux secours pour notre thèse.

La première chose qui indique que la duchesse d'Angoulême ne croyait pas à la mort du Dauphin au Temple, c'est la manière dont elle s'exprime dans sa requête *à son oncle peu de temps après sa sortie du Temple.* En lui demandant la grâce des terroristes, elle dit :

« C'est celle dont ils ont fait mourir *le père, la mère et la tante* qui, à genoux, vous demande leur grâce et la paix ».

Pas un mot du Dauphin !

Et pourtant cette angélique victime était bien digne de figurer parmi les titres qu'avait la duchesse de pardonner à ses bourreaux ; lui, qui avait déjà répondu quand Simon lui demanda ce qu'il lui ferait s'il devenait roi : « Je vous pardonnerais », n'aurait pas agi autrement.

Disons-le. Ou bien la duchesse d'Angoulême (à cette époque Madame Royale) avait mauvais cœur et ne se souciait guère de son frère ; ou bien elle le savait échappé aux mains des bourreaux dont elle demandait la grâce.

Et, *comme jusqu'à preuve formelle du contraire*, je me refuserai à accuser le cœur de Marie-Thérèse, l'autre conclusion seule s'impose à mon esprit comme à tout homme sensé et loyal.

Quand nous perdons un membre de notre famille, surtout quand il meurt loin de nous, privé des consolations des siens, à plus forte raison s'il périt, innocent et martyr, sous la main cruelle des bourreaux, nous aimons à rassembler les souvenirs précieux qui nous rappellent l'objet aimé et nous tâchons par là de rendre un culte d'amour à sa mémoire chérie.

Oh ! il nous semble qu'à la place de la duchesse d'Angoulême nous eussions recueilli avec sollicitude et respect les restes vénérés du jeune Dauphin, nous eussions entouré d'un soin pieux tout ce qui lui avait appartenu, tout ce qui nous aurait rappelé son souvenir bien-aimé.

La duchesse d'Angoulême ne fait rien de tout cela ; elle fait même le contraire.

Lisez et comprenez.

Voici la déclaration de M. Pelletan, rapportée par M. de Beauchesne lui-même :

« Je fus chargé spécialement des opérations de l'ouverture et la dissection, ainsi que de celle de la restauration du corps. Tandis que je m'occupais de ce dernier soin, mes confrères, le commissaire civil et l'un des gardiens de la tour, qui avaient été présents à l'ouverture, s'éloignèrent de la table et se retirèrent dans l'embrasure de la croisée pour causer entre eux. Je conçus alors le dessein de m'emparer du cœur de l'enfant ; j'entourai de son ce viscère, je l'enveloppai d'un linge, et je le mis dans ma poche sans être aperçu. Rien ne me donnait lieu de craindre d'être fouillé en sortant de la prison. Rentré chez moi, je mis ce cœur dans un bocal rempli d'esprit de vin, et je le cachai derrière le rayon le plus élevé de ma bibliothèque. Dix ans environ s'écoulèrent pendant lesquels l'esprit de vin renouvelé plusieurs fois, s'évapora entièrement. Le cœur étant desséché et susceptible d'être conservé sans aucune précaution, je le plaçai dans un des tiroirs de mon secrétaire. »

Plus tard, un élève de Pelletan, le sieur Tillos, lui déroba ce cœur.

Mais « au moment que tout annonçait le retour de nos rois, mon élève succomba à la phthisie pulmonaire qui le consumait depuis longtemps. Alors le père de sa veuve se présenta chez moi; il m'avoua que son gendre lui avait déclaré en mourant, et plein de repentir, la soustraction qu'il avait faite chez moi du cœur de Louis XVII; il m'annonça que sa fille étant dans l'intention de le lui restituer, elle me l'apporterait le lendemain.

« A peine ce monsieur fut-il sorti de chez moi, que je me transportai chez lui, où je trouvai la veuve de mon élève au milieu de sa famille.

« Cette dame me remit à l'instant le cœur renfermé dans une bourse : je le reconnus parfaitement, l'ayant touché et examiné avec attention plus de mille fois.

« Ainsi, je possède le cœur de Louis XVII ».

Cette note fut communiquée par M. Pelletan lui-même à M. Eckart, qui la publia dans ses *Mémoires historiques sur Louis XVII.*

En 1817, M. Antoine fut chargé par Louis XVIII de vérifier le fait. Il demanda à M. Dumangin ce qu'il pensait. M. Antoine, dans une note récente à M. Hue, premier valet de chambre de Louis XVIII, résuma l'état de la question. Il y est dit :

M. Dumangin atteste qu'à la fin de l'opération il a vu M. Pelletan envelopper soigneusement quelque chose qu'il mit dans sa poche..... M. Dumangin, se rappelant ce qui s'est passé lors de l'ouverture du corps, dit que, dans son âme et conscience, il est moralement convaincu de la vérité du fait.

Or, dit l'enquêteur plus haut « en pressant M. Dumangin de nous dire avec franchise quel degré de foi l'on doit ajouter à cette soustraction du cœur, dont M. Pelletan se fait un mérite personnel, nous étions sûrs d'obtenir un témoignage qui ne serait point dicté par une conscience aveugle, ni par une servile complaisance ».

L'identité du cœur était donc reconnue, et pourtant les Bourbons refusèrent de recevoir cette relique.

Eh bien ! si la famille royale avait cru à la mort du Dauphin, aurait-elle donc refusé de recevoir le cœur qui avait été conservé par M. Pelletan ?

M. l'avocat général Benoist (1) essaie d'affaiblir la force de cette preuve en disant :

(1) Dans le procès devant la Cour d'appel de Paris.

« Quand au cœur offert par M. Pelletan, on sait bien et pourquoi ne le dit-on pas, que de graves incertitudes se sont élévées sur le point de savoir si M. Pelletan avait pu réellement accomplir le pieux larcin qu'il révélait. M. Dumangin, qui l'assistait dans l'autopsie, a d'abord soutenu que la chose était impossible, et si plus tard il n'a pas manifesté aussi nettement son opinion, Lasne n'a point varié, et il a énergiquement maintenu des dires contraires aux déclarations de M. Pelletan. On sait aussi que le cœur, qu'il disait avoir conservé, lui a été soustrait puis restitué, et des incertitudes existaient par conséquent sur l'identité du cœur qu'il présentait ».

Décidément Lasne est, pour M. l'avocat général, un témoin *omni exceptione major !* Mais, où prend-on ce démenti ? Est-ce qu'il a été consulté là-dessus, par la Restauration ? Rien ne nous l'indique. M. l'avocat a lu attentivement M. de Beauchesne, voilà tout. Mais rien ne marque un doute dans l'esprit du gouvernement d'alors.

Louis XVIII avait dit à M. Pelletan fils : « Je sais que votre père a un dépôt à me remettre ; dites-lui qu'il ait patience, que le moment actuel n'est pas favorable, qu'il attende. »

Un temps assez long s'écoula depuis ces paroles.

M. Pelletan attendait. Enfin il fut invité par M. Decazes, ministre de la police générale, à se rendre dans son cabinet. Là le ministre s'exprima en ses termes :

« Le roi m'a dit qu'il savait que vous aviez le cœur de Louis XVII, et m'a demandé ce qu'il fallait faire. » — « Sire, lui ai-je répondu, il faut prendre ce cœur. » — Eh bien, ajouta Sa Majesté, occupez-vous-en. » C'est pour cela que je vous ai appelé ».

Les choses en étaient restées là. M. Pelletan fit de nouvelles démarches, écrivit à la duchesse d'Angoulême qui ne daigna pas lui faire une réponse quelconque : on ne se fit point remettre ce cœur. A cela, le ministère public répond :

« Si, en effet, on avait sciemment commis une usurpation, croyez-vous qu'on n'aurait pas fait pour la couvrir tout ce qui n'a pas été fait ? Oui, des cérémonies hypocrites auraient été accomplies en grande pompe ; des monuments funèbres se seraient élevés ; on aurait, en grande solennité, porté à Sainr-Denis le cœur pieusement conservé par M. Pelletan. C'est tout le contraire qui se produit. Ainsi se manifeste l'impuissance, l'inanité, et aussi le caractère des attaques dans lequel on s'est complu ».

M. de la Barre riposte :

« Votre raisonnement, M. Benoist, conduit à une

conclusion tout opposée à la vôtre. Si Louis XVIII avait été sciemment usurpateur, pour couvrir son usurpation, supposez-vous, on aurait hypocritement porté en grande solennité, à Saint-Denis, le cœur précieusement conservé par M. Pelletan. Or, on ne l'a pas fait ; donc, selon vous, Louis XVIII n'était pas usurpateur. Mais si Louis XVIII n'était pas usurpateur, l'enfant mort au Temple eût été le Dauphin, et le cœur offert par M. Pelletan celui du Dauphin. Eh bien ! les Bourbons l'ont refusé ! il est par conséquent indubitable qu'ils savaient que le décédé était un enfant substitué, et ce refus consacre invinciblement l'usurpation du comte de Provence.

» Quand à votre supposition, je vais vous démontrer qu'elle était impraticable, et que, si on l'eût réalisée, elle eût produit un effet tout contraire à celui proposé. Du reste, vous avez jugé sainement le caractère de l'usurpateur. En effet, en fait d'infamies, aucune ne lui répugnait. La bonne volonté ne lui manquait pas de faire un grand éclat de dénégation de l'existence de son neveu par une nouvelle rouerie politique en acceptant le cœur de l'enfant décédé le 8 juin 1795. Il comprenait très bien qu'en le repoussant, c'était par là reconnaître Louis XVII, le Charles-Louis de Spandau. Cependant, en l'accceptant, il fallait aussi ne pas s'arrêter dans la voie des impostures ; mais le moderne Machiavel ne se dissimulait pas le danger d'une aussi révoltante audace. L'opinion publique est une puissance que, tout souverain qu'on est, on ne brave pas impunément. Quand on lui présente avec éclat le mensonge pour la vérité, elle proteste énergiquement, elle s'indigne et flétrit l'imposteur en le démasquant. Que fit-on ? Vous allez le voir. Fatigué des importunités du loyal pétitionnaire, on s'en est débarrassé par un silence inexplicable alors pour ceux qui respectaient, dans le dépôt conservé, les derniers restes d'un monarque de France, et qui *donna lieu à mille réflexions plus ou moins offensantes pour la famille royale* dont vos paroles apologétiques ne l'ont point vengée. L'embarras de la position s'accroissait des fallacieuses recherches faites pour reprendre à la terre, qui ne les connaît pas, les ossements du royal prisonnier, sous prétexte de lui décerner une sépulture digne d'un roi de France.

» Notons bien qu'à cette époque la famille royale avait été informée par des lettres du Prince de son existence en Prusse. Les souverains aussi avaient appris par lui le lieu de sa résidence, s'ils l'ussent ignoré auparavant. L'article secret du traité de Paris effrayait encore la pensée du roi de France conditio.nnel (1). Le clergé de la cour (2), ainsi que nous allons nous en convaincre, n'ignorait point que le fils de Louis XVI existait. M^me la baronne de Générès, nièce de M^me de Rambaud, et M. Appert, curé de Saint-Arnoult, ont connu toute l'affaire du Prince depuis son arrivée en France. Ils m'ont appris que M. le duc de Montesquieu, pair de France, avait déclaré « qu'il était prêt à déposer en justice » qu'il tenait positivement *du roi Louis XVIII la* » *réalité de l'évasion de son neveu*, ayant été employé » dans plusieurs missions secrètes qui avaient rapport » à cette affaire ». Beaucoup de hauts personnages et nombre de personnes en France et à l'étranger, ne croyaient pas à la mort du Dauphin au Temple; le cardinal, nonce du Pape à Paris, au retour des Bourbons, avait emporté à Rome des pièces importantes qui concernaient Louis XVII, et le roi n'avait pu les retirer d'entre ses mains; tous les conventionnels enfin, qui avaient su l'évasion, *n'étaient pas morts :* Louis XVIII le savait mieux que personne, puisqu'il

(1) D'après cet article, Louis XVIII n'occupait le trône de France que provisoirement jusqu'à l'arrivée du roi légitime ; mais l'ambitieux monarque sut bien l'empêcher de venir.

(2) Voir plus haut.

y en avait beaucoup à Paris auxquels il *faisait une
pension*.

» Dans des circonstances aussi redoutables, pensez-
vous encore, M. l'Avocat général, qu'il eût été possible de présenter ostensiblement au public le cœur
du mort autopsié comme celui de Louis XVII ? Ne
concevez-vous pas : c'eût été s'exposer avec certitude à
voir apparaître au grand jour l'usurpation qu'on aurait
voulu masquer ainsi ? En effet, si un cortège funèbre
eût traversé les rues de la capitale, simulant d'emporter avec un saint recueillement le cœur du royal
prisonnier du Temple, pour le joindre aux cendres du
Roi-Martyr, si l'annonce officielle de cette lugubre
cérémonie eût retenti par la presse, *plus d'une voix*,
on n'en doutait pas, *eût crié au scandale et à la profa-
nation*. Cette conséquence, on l'appréhendait. Voilà
comment, tandis que d'une part on affectait, pour la
forme, de rechercher les prétendues dépouilles mortelles du Dauphin, celles de l'enfant enterré sous son
nom de l'autre, on refusait d'accepter le cœur de cet
enfant. On consulta, on délibéra longtemps, et il fut
convenu que le mieux était de s'abstenir et de se taire.

» Mais on ne se tut pas complètement. Louis XVIII,
à cette occasion, joua une pitoyable jonglerie, à l'effet
de faire croire à la cour et au public, par des commé-

rages de courtisannerie, qu'il avait accepté et reçu ce
cœur comme celui de Louis XVII. Il donna l'ordre de
le déposer à Saint-Denis, avec recommandation de se
borner aux apparences. C'est ce qu'il résulte des pièces
que j'ai copiées aux Archives nationales, et qui ferme-
ront la bouche à tous les négateurs de l'évasion; elles
sont extraites d'un petit dossier intitulé : *Louis XVII*».

« *Ministre de l'intérieur au garde des sceaux.*

» Paris, 2 septembre 1817.

» MONSEIGNEUR,

» J'ai reçu les pièces que Votre Grandeur m'a fait
l'honneur de me communiquer, et relativement à la
conservation du cœur de S. M. Louis XVII, et à l'endroit où le corps du jeune prince a été inhumé. L'intention du roi étant que le cœur de ce prince soit
transporté à Saint-Denis sans pompe, et néanmoins
avec les cérémonies convenables... je viens de faire,
conformément à l'ordre que Sa Majesté m'en a donné,
l'envoi de toutes les pièces à M. le grand-maître des
cérémonies...

» Le Ministre de l'Intérieur. »

« *A Monsieur le marquis de Dreux-Brézé, grand-maître des cérémonies de France.*

» Monsieur,

» Conformément aux ordres que m'en a donné le roi, j'ai l'honneur de vous transmettre deux liasses de pièces relatives à S. M. Louis XVII.

» Les pièces, au nombre de neuf, renfermées dans la première liasse, sont relatives à la conservation du cœur du jeune prince...

» Dans l'autre liasse se trouvent, au nombre de onze, les pièces tendant à constater et à certifier l'endroit où son corps a été inhumé... »

» Le 4 septembre 1817, M. le marquis de Dreux-Brézé écrit à M. le Ministre de l'intérieur pour lui accuser réception des pièces constatant que le cœur de S. M. Louis XVII a été réellement conservé et existe encore aujourd'hui.

» 1° Procès-verbal de l'audition des témoins, d'où il résulte que le cœur conservé chez le sieur Pelletan est effectivement celui de S. M. Louis XVII... »

*Où voyez-vous là, M. Benoist, des incertitudes sur l'identité du cœur présenté?* Les écrits officiels, et

7

d'autres que je ne rapporte pas, auxquels sont mêlés les premiers personnages de la cour, n'étaient que la conséquence de fourberies, dont le but était d'accréditer le bruit de la mort du Dauphin au Temple. Comme je l'ai dit, le cœur offert par le docteur Pelletan a été refusé, mais non pas comme vous l'avez avancé, en raison d'incertitudes qui n'existaient pas sur l'identité du cœur qu'il présentait... »

Mais il n'en est pas moins vrai que les Bourbons n'ont pas osé accepter ce cœur qui devait être à leurs yeux celui du royal prisonnier du Temple, s'ils le croyaient véritablement mort le 8 juin 1795. M. Pelletan, justement offensé de la conduite qu'on tenait à son égard, écrivit à la duchesse d'Angoulême :

« Je ne saurais vous exprimer, Madame, combien
» mon cœur est navré de tant d'oppositions. Je ne
» puis les concevoir. C'est aux pieds de Votre Altesse
» Royale que je viens déposer mes chagrins et ma
» perplexité sur les moyens de me décharger d'un
» objet aussi précieux, et qui a toujours été celui de
» ma vénération ».

La princesse ne daigna pas faire une réponse. Lors de la révolution de 1830, d'après ce que dit à M. Gruau M. le comte de Lacépède, attaché à la maison du duc d'Aumale, le bocal qui renfermait le cœur ayant été trouvé à l'archevêché au moment où le peuple s'y porta avec violence, fut jeté dans la Seine avec une partie du mobilier de l'archevêque.

Cependant la famille Pelletan prétend encore posséder ce cœur. '

Pelletan tirait, du refus du cœur, la même conclusion que nous : Louis XVII vivait !

« Pourquoi, dit J. Favre (1), cette manière d'agir ? Que sont devenus ces ordres ? Pourquoi ne les a-t-on pas exécutés ? Et pourquoi la majesté royale, dans ce qu'elle a de plus auguste, l'enfance et le martyre, a-t-elle été dédaigneusement laissée à la porte de la maison de Dieu, restée fermée pour elle ?

» A tout cela il n'y a qu'une explication, la seule, la vraie : c'est que la famille royale savait que Louis XVII n'était pas mort au Temple, et qu'il était caché ou emprisonné en Prusse.

» On ne pouvait pas livrer un pareil secret d'Etat, qui aurait été l'anéantissement politique du pouvoir, et l'on a mieux aimé sacrifier les droits légitimes de l'absent que de s'exposer à une conspiration légitime, faisant descendre du trône ceux qui voulaient l'occuper à tout prix ! »

(1) Plaidoirie de 1874, p. 256.

M. le vicomte Sosthène de Larochefoucauld, dans ses *Mémoires*, tome V, page 118, résume ainsi cette partie du débat en disant :

« Parfois on a cru en France que le fils de l'infortuné Louis XVI avait été soustrait à la rage de ses bourreaux. Depuis cette époque, comme alors, sa mort n'a point paru assez authentiquement prouvée, pour que la conscience scrupuleuse de Louis XVIII ait consenti à ce qu'il en fut fait mention lors de la translation dans les tombes de Saint-Denis des dépouilles mortelles de sa famille ».

Cette opinion d'un serviteur fidèle à la Restauration ne tranche-t-elle pas le débat ? N'établit-elle pas nettement que le roi Louis XVIII n'a jamais cru à la mort du Dauphin au Temple (1) ?

Comme on avait refusé le cœur, on refusa les cheveux.

Damont, commissaire civil au Temple, au moment de la mort de l'enfant, avait conservé quelques boucles de ses cheveux. Il les offrit à la duchesse d'Angoulême ; elle n'en a pas voulu. Plusieurs fois avant les Cent-Jours elle a fait manquer les entrevues assignées à Damont, et, plus tard, elle n'a pas voulu s'en occuper, ou même elle les a formellement refusés.

(1) Voir *la Légitimité*, t. I, p. 581 et suiv.

Mais, au moins, si la duchesse refuse ces reliques de son frère, fera-t-elle rechercher avec ardeur ses restes confiés à la terre après la mort mystérieuse du Temple. Rien de plus juste.

Ceux de Louis XVI, de Marie-Antoinette, furent exhumés et transportés solennellement à Saint-Denis, où ils reposent dans l'antique demeure des rois.

Pourquoi n'en a-t-il pas été de même du Dauphin qu'on prétendait mort ? pourquoi ne lui a-t-on pas donné sa place d'honneur parmi son auguste famille ?

Le 14 février 1816, une ordonnance déterminait l'emplacement du monument de Louis XVII à Saint-Denis.

On fit une enquête pour connaître le lieu de l'inhumation, on entendit plusieurs témoins, et, comme leurs versions ne se rapportaient pas, on en prit occasion d'arrêter les recherches, et les fouilles n'en furent point continuées.

Tout cela est incompréhensible, sans l'évasion et sans la connaissance qu'en avaient les Bourbons.

« Nous n'avons, dit M. de Beauchesne, ni à justifier, ni à blâmer le gouvernement de la Restauration de la décision qui annula les effets de l'ordonnance royale. Les contradictions inquiétaient sa confiance, sans doute ; mais peut-être ne devaient-elles point entraver son zèle et l'empêcher *de remplir un devoir* ».

Et ailleurs : « J'allais, triste et rêveur, de l'une à l'autre de ces tombes que les fossoyeurs assurent avoir creusées, et ma pensée recueillait des dépouilles royales que je conduisais en grande pompe à Saint-Denis ! Puis la triste réalité m'accablait, et je me prenais à regretter cette ordonnance royale *rendue par une sorte de pudeur et restée stérile par une sorte d'indifférence* ».

La duchesse entre elle-même en cause dans cette affaire (1). Avant les feintes recherches dont je viens de parler, M. le curé de Sainte-Marguerite avait demandé l'autorisation de rechercher le corps du Dauphin pour le déposer provisoirement dans son église. Ces recherches-là eussent été réelles et sé-rieuses. M^me la duchesse d'Angoulême s'y opposa, Louis XVIII les interdit. Voici sur ce point une lettre d'un prêtre de Lyon qui connut beaucoup M. le curé de Sainte-Marguerite. Elle est tirée d'un article de M. Nauroy (février 1882) dans la *Nouvelle-Revue :*

« Il était tellement avéré que les restes de l'enfant mort au temple avaient été déposés dans ce lieu (le cimetière de Sainte-Marguerite) que, la Restauration venue, M. Lemercier, curé de Sainte-Marguerite, crut devoir faire une démarche formelle auprès de M^me la

(1) *Légitimité*, t. I, n° 36.

duchesse d'Angoulême. Il lui proposa donc de faire exhumer les restes de celui qu'il croyait être Louis XVII, afin de les mettre dans un lieu plus convenable, et il offrit même de les placer dans une chapelle de son église qu'on aurait disposée à cet effet. M^{me} la Duchesse pleura beaucoup, mais elle refusa d'ordonner aucune recherche, alléguant qu'il « fallait » bien se garder de réveiller le souvenir de nos dis- » cordes civiles ; que les rois étaient dans une position » terrible et qu'ils ne pouvaient pas faire tout ce » qu'ils voulaient ».

» *Signé :* NE...,

» Prètre du diocèse de Lyon. »

Refus du cœur, refus des cheveux, défense de rechercher le corps, tout nous conduit au même but ; et toujours nous tombons dans l'alternative ou bien d'accuser le cœur de Madame, ou bien de proclamer sa croyance à l'évasion.

Oui, M^{me} la Dauphine savait son frère vivant, et elle ne put se résoudre à jouer son rôle jusqu'au bout, à recevoir comme une relique pieuse venant de son frère ce qui était à un étranger.

Ces actes de la duchesse d'Angoulême montrent

quelle était sa conviction ; ses aveux directs nous la feront connaître encore plus clairement.

1° On lit dans *la Restauration* de Suvigny, page 154, pièce 65 : — « Pour édifier vos lecteurs sur la pensée de M^me la duchesse d'Angoulême, je sens le besoin de vous faire une déclaration.

« En l'année 1843, M. le baron de Richemont me fit lire une lettre écrite par M^me la duchesse d'Angoulême à M^me la comtesse d'Estérazy. Il me dit que c'était Mgr Tharin, ancien évêque de Strasbourg, qui la lui avait communiquée. Je l'ailue en son entier, mais je n'ai retenu que ce passage qui m'a tellement frappé qu'il ne s'effacera jamais de ma mémoire : « *Je* » *sais que mon frère est sorti du Temple,* mais il sera » mort depuis ». Je m'empressai de regarder la date, le timbre et la signature. Elle était *datée* de Goritz, *timbrée* de Goritz, et signée Marie-Thérèse.

» Recevez, je vous prie, etc.

» *Signé : G...,*

» Prêtre du diocèse de Paris. »


2° On lit dans *la Légitimité*, t. II, page 368 :

« M. Bérard de Pontlieue m'a attesté, raconte M. de la Barre, qu'il était à sa connaissance que

M^{me} la duchesse d'Angoulême, sur la question de la mort du Dauphin, a répondu à un brave général Vendéen, *qu'elle n'avait jamais pu avoir la certitude de la mort de son frère au Temple, mais qu'elle pensait qu'il était mort depuis* ».

3° Voici une lettre de M. Amédée Nicolas, avocat, à l'auteur de « Maximin peint par lui-même » ; elle est datée de Marseille, le 3 mai 1882 (1) :

« ... De 1832 à 1848, je suivais les Nauendorfistes, seulement pour savoir ce qu'ils disaient. Dans cette dernière année, M. le général duc des Cars, qui avait des parents à Marseille, par sa femme, écossaise d'origine, leur communiqua « le désir de voir cette ques-
» tion traitée par un homme assez froid, pour ne rien
» accorder au sentiment et à l'imagination, et pour
» démêler le vrai du faux ». Il ajouta que la duchesse d'Angoulême (qui, plus tard, dans son testament, que j'ai en entier, se borne à dire : « Je vais rejoindre les
» saintes âmes de mon père, de ma mère et de ma
» tante », ne disant rien de son frère qu'elle croyait n'être pas mort au Temple, sans savoir où il était mort ensuite) *désirait vivement savoir s'il vivait encore ou non...*

» Amédée NICOLAS,<br>» Avocat, rue Sénac, 64 ».

(1) *Légitimité*, t. I, p. 470.

4° On lit dans *la Légitimité* du 18 octobre 1885 :

« On nous écrit de Paris, le 13 septembre 1884 :

» Mon cher ami, j'ai oublié de vous parler dans ma
» dernière lettre d'un curé de Paris, M. l'abbé
» Bossuet, curé de Saint-Louis-en-l'Isle, qui a, lors
» de sa jeunesse, très bien connu la duchesse d'An-
» goulême. Il lui a souvent entendu parler de son
» frère Louis XVII, et plusieurs fois exprimer *l'avis*
» *qu'il ne devait pas être mort au Temple*, dont il avait
» pu s'évader. Elle ajoutait qu'elle n'avait jamais pu
» savoir ce qu'il était devenu et qu'elle pensait qu'il
» était retiré dans *un couvent* ».

M. Bossuet, à qui le numéro a été envoyé, n'a pas
démenti.

5° On lit dans la *Semaine religieuse de Lyon*, numéro
du 7 mars 1868, page 158 : « ... Nous pourrions
donner un déluge de preuves que Louis XVII n'est
pas mort au Temple, mais nous préférons reproduire deux anecdotes *inédites*, dont nous pouvons
garantir la parfaite authenticité...

» Lors de la venue de M^me la duchesse d'Angoulême à Lyon, le jour où on lui offrit une fête dans
la cour du palais Saint-Pierre, le maire de Saint-
Rambert, ayant saisi l'occasion de lui parler, lui toucha
un mot de Louis XVII ; à quoi la duchesse répondit :

» *Je n'en ai pas eu de nouvelles depuis sa sortie du*
» *Temple* ».

» Consultez certains vieillards lyonnais, ils vous
garantiront l'exactitude de ce fait...

» De pareils faits nous semblent valoir un volume
de preuves.

» Adrien PÉLADAN fils. »

6° Voici la déposition de M. le général comte du
Fays, publiée par lui-même dans *la Justice*, en 1835 :

« ..... A cette époque (vers 1797), je retournai à
l'étranger, où je servais. Ce fut là *qu'en 1810*, me
trouvant dans l'armée *prussienne,* j'appris par des *offi-*
*ciers* que mon Prince n'était pas mort, *et qu'il était*
*détenu en Prusse.* La conviction que j'avais de l'existence
du fils de Louis XVI me porta, en 1815 et en 1816, à
m'adresser à M^me la Dauphine pour lui parler de
son frère ; elle me répondit qu'elle *n'avait pas la certi-*
*tude de sa mort au Temple, mais qu'elle ne savait pas ce*
*qu'il était devenu* ».

7° M. Suvigny raconte le fait suivant :

« Une entrevue avait été ménagée en 1840, entre
M. le baron Richemont et le général Auguste de la
Rochejaquelein, par le vicomte de Bussières, chez

(1) L'autographe est chez M. Thomas d'Ajioux, 27, place de la
Madeleine, Paris.

M. l'abbé Jacolet, ex-aumônier du prince de Condé, alors curé de Saint-Ambroise-Popincourt. Nous possédons la lettre du vicomte qui annonce le rendez-vous. Après une conversation de plusieurs heures, pendant laquelle ces messieurs échangèrent mutuellement leurs souvenirs, M. de la Rochejaquelein avoua :

« Que depuis de longues années il était à la recher-
» che du fils de Louis XVI; qu'il en avait parlé à
» la duchesse d'Angoulême, qui lui avait déclaré,
» comme à la comtesse d'Estérazy, comme à Mgr
» Tharin, comme à tant d'autres *« qu'elle savait par-*
» *faitement que son frère n'était pas mort au Temple,*
» mais qu'elle ignorait ce qu'il était devenu depuis... »

« En terminant il ajoute : défiez-vous de Metternich, c'est votre « plus cruel ennemi ».

8° Reproduisons une lettre publiée par *la Légitimité*, t. II, p. 400 :

« MONSIEUR,

» Mon père, M. le baron de Maistre, dont la vie et la mort ont été celles d'un saint, était l'ami des Princes. Voyant un jour M^me la Dauphine *en larmes*, il osa lui demander *la cause de son chagrin*. Elle lui répondit : « Mon cher de Maistre, c'est encore une
» lettre d'un homme qui se dit Louis XVII ». (C'était

celui qui se nommait Richemont). Mon père poussa alors les questions plus loin, et elle lui répondit contradictoirement à ce que dit votre journal :

« *Nous avons la certitude que mon frère n'est pas mort*
« » *à la Conciergerie* (1), mais l'état affreux dans lequel
« » il est sorti donne tout lieu de croire qu'il est mort
« » depuis ».

» Ceci se passait entre 1825 et 1830...

» Comtesse DE MONTSAULNIN, douairière,
» 7, rue de Varennes, Paris ».

9° « M. N..., riche et honorable industriel de Paris, était lié, il y a plus de cinquante ans, avec le fils de M. Cahier, l'un des principaux joailliers de la capitale, orfèvre du roi Charles X, admis dans l'intimité de cette famille patriarcale et distinguée.

» Voici ce qu'il a entendu conter à son vénérable chef :

» M. Cahier avait pour ami d'enfance un gentilhomme qui servait dans les gardes du corps, M. de X...

» Un soir, quelques semaines avant la mort du duc de Berry, M. de X... se présenta chez M. Cahier dans un grand état de trouble et ne voulut point en dire la cause, alléguant qu'il était lié par un serment.

(1) C'est évidemment « au Temple » que l'on veut dire.

» Après la révolution de Juillet, il crut en être délié et fit à M. Cahier le récit suivant :

» Le jour où je vous ai paru si agité, je me croyais menacé par un danger pressant. De faction à la porte du cabinet du roi Louis XVIII, j'avais entendu une conversation entre le roi, M^me la Dauphine et le duc de Berry.....

» Le duc de Berry parlait de son cousin Louis XVII; il suppliait le roi de le reconnaître.

» Le roi paraissait très en colère. Il ordonna à son neveu de ne jamais lui parler de ce cousin.

» Le duc de Berry répondit que le roi savait qu'il existait et le lieu où il était réfugié.

» *La duchesse d'Angoulême joignit ses supplications à celles du duc de Berry; elle paraissait pleurer.*

» Je distinguais fort bien ce qui se disait, parce que les interlocuteurs parlaient sur un ton fort élevé.

» Le duc de Berry sortit par une autre porte que celle que je gardais.

» Quelques instants après, la duchesse d'Angoulême passa devant moi; *elle parut saisie* et me regarda fixement sans m'adresser la parole. Je me crus perdu. On vint presque aussitôt me relever, bien que ma faction ne fut pas finie. Un officier m'attendait et me conduisit chez M^me la Dauphine.

» En entrant dans son cabinet je me jetai à ses
pieds, lui demandant grâce pour moi et mes cinq
enfants. Elle me reçut avec bonté, me força à m'asseoir
et me dit : « Vous êtes gentilhomme, homme d'honneur
et militaire. Vous *avez saisi un secret d'État* qui
pourrait vous coûter la vie. Jurez que vous ne le
révélerez jamais *tant que notre dynastie régnera en
France.* »

» Je le jurai, ajouta M. de X… Je me crois aujour-
d'hui dégagé et je décharge ma conscience en vous
confiant cette scène.

» M. Cahier l'a raconté plusieurs fois à ses enfants,
dont deux existent encore ; l'un d'eux occupe une haute
position dans l'Église, ainsi qu'à M. N… Les uns et
les autres sont prêts à faire connaître les faits à la justice. »

Cet important témoignage fut lu devant la cour
d'appel de Paris par Mᵉ Jules Favre, dans l'audience
solennelle du 20 février 1874. — Il ne faut pas oublier
que des documents fournis par Mᵉ Jules Favre, les
juges ne récusèrent que les lettres de Laurent ; les
autres sont donc aujourd'hui des documents *judiciaires,*
ce qui leur donne une nouvelle valeur.

10° On lit dans *la Vérité et le Droit,* page 23,
Paris, 1873 :

« Voici un fait dont nous avons la preuve authentique :

» Le général comte de la Rochejaquelein fut appelé par M^me la Dauphine à son lit de mort, et la princesse lui dit, d'une voix presque éteinte :

» Général, j'ai un fait grave, très grave à vous » révéler ; c'est le testament d'une mourante. Mon » frère n'est pas mort, c'est le cauchemar de toute ma » vie. Promettez-moi de faire toutes les démarches » nécessaires pour le retrouver ; voyez le Saint Père, » voyez les enfants de Martin (1), courez par terre ou » par mer pour trouver encore quelques vieux ser» viteurs ou leurs descendants, car la France ne sera » heureuse et tranquille que lorsqu'il sera sur le trône » de nos pères. Jurez-moi (dit-elle, en fondant en » larmes) que vous ferez tout ce que je vous demande. » Je vais mourir au moins tranquille, et il me semble » que le poids que j'ai sur la poitrine est déjà moins » lourd. »

« Chaque fois, dit le P. de Smedt (2), qu'on aura

---

(1) M. de la Rochejaquelein se conformant aux ordres de Madame, vint trouver le fils de Martin de Gallardon, aujourd'hui médecin à Paris, 6, rue de l'Échaudé. Voir sa déposition complète publiée par M. le comte d'Hérisson dans le *Cabinet noir*, pp. 31-34. (Paris, Ollendorff, 1887.)

(2) *Essai sur la critique historique.*

sur un fait donné un ensemble de témoignages con-
formes tellement nombreux et fournis par des hommes
placés dans des circonstances si diverses, qu'il est tout
à fait impossible de supposer des intérêts ou des
affections quelconques qui aient égaré leur intelligence
ou perverti leur volonté de manière à leur faire com
mettre ou à leur faire affirmer à tous la même erreur,
on possèdera l'évidence morale de ce fait. »

Ainsi en est-il pour la question que nous étudions.

Les témoins que nous citons sont nombreux, de
lieux, d'origine, de temps divers ; ils n'ont point pu
s'entendre pour affirmer tous la même chose.

Pour la plupart, sinon pour tous, c'étaient des personnes de la cour, intimement mêlées aux événements
de notre siècle, en faveur auprès des Bourbons et de
la duchesse d'Angoulême, tout cela est notoire. Ils
ont donc été bien renseignés, et leur intérêt était de
cacher ce qu'ils ont avoué, bien plutôt que de le faire
connaître. Un « tiens » vaut, ce dit-on, mieux que
deux « tu l'auras. »

Et puisqu'ils avaient la faveur de la famille royale
considérée comme telle, pourquoi l'auraient-ils méprisée pour rechercher celle d'un infortuné sans appui
que beaucoup regardaient comme un aventurier ?

Une seule conclusion s'impose donc : la duchesse

d'Angoulême ÉTAIT CERTAINE DE L'ÉVASION.

Et quand je parle de certitude, je l'entends dans le sens scientifique du mot, c'est-à-dire que j'entends par là le repos de l'esprit dans une vérité connue. Ce n'est pas une conviction, une persuasion qu'avait la duchesse d'Angoulême, c'était une certitude, sinon absolue, du moins très forte.

*Elle savait sûrement* que son frère n'était pas mort au Temple.

Sans cela, aurait-elle agi et parlé comme elle l'a fait ?

# CHAPITRE VII

LA DUCHESSE D'ANGOULÊME ÉTAIT-ELLE ABSOLUMENT
INCERTAINE DE L'IDENTITÉ ?

Dans le chapitre précédent, j'ai mis sous les yeux du
lecteur une lettre d'un prêtre du diocèse de Paris qui
nous fait connaître l'*aveu écrit* de M^me la Dauphine
à la duchesse d'Estérazy. Madame a-t-elle été plus
loin ? A-t-elle parlé de la question d'identité ? M. de la
Barre, dans l'*Appel à la conscience publique* (t. II, p. 220),
fait connaître la pensée de la famille d'Estérazy à cet
égard :

« Un des hommes les plus marquants de la diplomatie moderne, un ambassadeur qui habita l'Angleterre pendant les neuf années de séjour qu'y fit le duc
de Normandie, se trouvait avec un ami de la famille,
en 1845, sur un bateau à vapeur qui se rendait d'Allemagne à Rotterdam. Notre ami aborda ce grand personnage et lui demanda son sentiment sur la personne

du duc de Normandie, décédé à Delft et inscrit dans les qualités de fils de France sur les registres des décès de la régence. Il lui répondit « qu'il ignorait absolument de qui il voulait parler ». Instruit de tous les détails de l'histoire merveilleuse du Dauphin, notre ami offrit bénévolement à l'Excellence de lui communiquer ses lumières sur ce sujet intéressant ; le ministre fit semblant d'accepter avec empressement cette proposition bienveillante, et lui assigna un rendez-vous à La Haye. Il me fit part de cette rencontre et de son espoir qu'elle pût avoir des suites avantageuses pour la famille du Prince. Je lui répondis :

» Vous avez grand tort d'ajouter foi aux paroles
» d'un diplomate sur la question relative au royal
» orphelin du Temple. Ce sont des hommes à double
» face qui ont un langage de circonstance, et dont la
» première loi est de dissimuler une vérité répudiée
» par la politique. Cet illustre étranger en sait plus
» que nous sur le compte de Louis XVII. Il a fait
» l'ignorant dans la crainte de se trahir, car le Prince
» et moi nous lui avons adressé plusieurs communi-
» cations pour son gouvernement, dans l'intérêt de la
» royale victime des proscripteurs du roi légitime de
» France. »

L'ami voulut s'assurer par lui-même de la franchise

ou de la dissimulation du noble voyageur ; il alla au rendez-vous convenu, et il ne fut pas reçu. Eh bien ! le jugement que je portai dans cette circonstance se trouva confirmé, quelques jours plus tard, par une lettre que m'écrivit d'Allemagne le chevalier docteur de Caro, qui me disait : « Il n'y a que peu de jours » qu'une très grande dame me parlait du duc de Nor- » mandie. *Son mari,* occupant à Londres une grande » place diplomatique étrangère à l'époque où l'auguste » proscrit habitait Camberwell, lui *avait assuré qu'il le* » *croyait ce qu'il disait être.* Ce mari vit encore, et »· dans une haute position. C'est une grandissime » autorité. »

« Cette grandissime autorité, Monsieur (1), est votre personnage, le prince Estérazy. Il reste donc bien démontré que la mauvaise foi se métamorphose sous toutes les formes possibles d'hypocrisie, et quiconque élève la voix contre une identité royale manifeste est, ou un ignorant, ou un individu intéressé à nier. »

*La Légitimité* ajoute (t. II, p. 551) :

« Ainsi le Prince et le comte de la Barre adressaient au prince d'Estérazy plusieurs communications pour

---

(1) L'avocat général Benoist, auquel le comte de la Barre répondait dans cet ouvrage.

son gouvernement, dans l'intérêt de la royale victime ; de son côté, M^me la duchesse d'Angoulême écrivait à M^me la comtesse d'Estérazy : « Je sais que mon » frère est sorti du Temple. »

« La question de l'évasion et de l'identité se traitait donc à la fois par les procédés rigides de la diplomatie et par les procédés plus communicatifs et peut-être plus sérieux en pareille matière de la bonne et franche amitié entre femmes.

» Quand les choses en sont là, le prince d'Estérazy assure à la princesse sa femme et la correspondante de la duchesse d'Angoulême qu'il croit que le proscrit de Camberwell est réellement ce qu'il dit être.

» N'est-il pas dès lors éminemment probable que la duchesse d'Angoulême avait été plus explicite que nous ne pensions d'abord, et qu'elle avait au moins laissé entendre..... ce que le prince d'Estérazy confessait à sa femme ? »

On lit dans les *Intrigues dévoilées* (t. III, pp. 336-338) :

« M^me R... donnait des leçons aux enfants du Prince. Elle ne fut pas peu étonnée de recevoir de M. O'Hegerty l'invitation de se rendre, le 5 août 1834 au matin, auprès de la duchesse d'Angoulême qui voulait avoir un entretien avec elle seule. Elle prit l'en-

gagement de ne pas manquer au rendez-vous. D'un
autre côté, M^me de Générès avait sollicité par écrit la
faveur d'aller témoigner à M^me la duchesse d'Angoulême son respect et son dévouement à la cause de la
légitimité. Une dame d'honneur lui fit savoir que Son
Altesse Royale la recevrait le 4, dans la soirée, au
château de Pilnitz, où elle devait dîner. L'épouse du
Prince et ses enfants, M^me de Générès, M^me Forest,
ancienne femme de chambre de la feue reine de Saxe,
allèrent ensemble à Pilnitz, et furent reçues au château,
chez M^lle Dupont, attachée, en qualité de gouvernante,
à la maison du prince de Saxe. Tous assistèrent au
repas de la cour dans une galerie placée au-dessus de
la salle à manger. La duchesse d'Angoulême était assise
auprès du roi de Saxe (Antoine I^er), et le duc de Bordeaux auprès de la princesse royale (femme de Frédéric Auguste II). A la table royale se trouvait encore
la marquise della Torre, avec qui M^lle Dupont était
liée assez intimement, et qui, peu de temps après, tint
à honneur de se faire présenter à la famille du Prince
dont l'identité n'était pas douteuse pour elle. Elle fut
scandalisée d'un propos impertinent tenu par le duc
de Bordeaux en réponse à une observation de la Princesse royale. Cette princesse avait constamment l'œil
sur les personnes de la galerie, et à l'aide d'un lorgnon

elle reconnut M^{lle} Amélie. La désignant alors au jeune prince, elle lui dit : « *Voici votre cousine.* » Le duc répondit en riant : « Oh! Madame, j'en ai beaucoup comme ça de cousines. » Pauvre prince! c'était le fruit de l'éducation qu'il recevait!

« Les nobles hôtes quittèrent la table pour aller prendre le café. M^{me} de Générès, la famille du prince et les deux dames qui les accompagnaient étaient venues se placer, avec d'autres personnes admises, sur le passage de la cour, dans la galerie vitrée. La duchesse d'Angoulême donnait le bras au roi. Vivement troublée à l'aspect de la famille du prince, si visiblement royale par la ressemblance de tous ses enfants avec les Bourbons, elle fixa surtout la fille aînée, et, se tournant vers le roi, lui demanda brusquement : « Qu'est-ce que c'est que cette famille-là ? » Personne n'entendit la réponse, mais bien certainement, d'après la recommandation faite antérieurement à ses ministres, Sa Majesté aura répondu d'une manière bienveillante pour la famille.

» M^{me} de Générès, à l'heure qui lui avait été assignée pour son audience, se rendit aux appartements de la duchesse d'Angoulême. Elle s'attendait à être introduite aussitôt ; quand elle se fut nommée, on lui répondit que la princesse ne pouvait pas la recevoir. N'ayant plus de mesure à garder, elle prit alors une généreuse résolution. Elle écrivit à Son Altesse Royale pour lui déclarer que ses neveux et nièces résidaient à Dresde, avec la duchesse de Normandie leur mère ; et elle la supplia de ne pas quitter la Saxe sans être venue s'assurer, de ses propres yeux, que leur père ne pouvait être que le royal orphelin du Temple, son frère. La lettre fut envoyée, et bientôt après rapportée par un messager qui avait l'ordre de dire que Madame n'avait plus le temps de s'occuper de voir personne, à cause de son départ immédiat. Le cachet de la lettre en avait été détaché circulairement, suivant la constante habitude de la princesse ; ce qui prouve qu'elle l'avait lue.

» Le lendemain matin fut le tour de déception de M^me R... En raison de l'invitation qu'elle avait reçue, elle se présenta à neuf heures à l'hôtel de la princesse ; il lui fut répondu que Madame, obligée par une circonstance imprévue de quitter la Saxe à l'instant, ne pouvait pas la voir. Rentrée chez elle, on vint la demander de la part de la duchesse d'Angoulême, qui lui faisait remettre soixante écus. M^me R... n'a pu deviner ce qu'on lui voulait, ni le motif mystérieux de la gratification. La duchesse d'Angoulême partit de Dresde à onze heures du matin ; le prince, son frère, y arriva le soir. »

Comment expliquer la manière d'agir de la duchesse d'Angoulême en cette affaire ?

Si, dans ces charmants enfants au visage angélique, au regard fin et profond, au sourire franc et loyal, tels qu'on aime à se représenter les membres de la famille de Bourbon, elle n'avait pas reconnu la famille de son frère, se serait-elle enfuie aussi précipitamment ?

Peut-être aussi la nouvelle de la prochaine arrivée du duc de Normandie à Dresde lui fit-elle hâter son départ (1) !

Pour se faire reconnaître, le duc de Normandie avait un signe naturel très remarquable ; c'est ce qu'on a appelé le signe du Saint-Esprit. Il était formé par la nature, par de petites veines entre chair et peau ; il représentait un pigeon plongeant, la tête en bas et les ailes déployées.

Il s'en prévalut auprès de sa sœur ; et jamais elle n'a fait aucune observation à cet égard. C'est donc qu'elle *savait* que le Dauphin avait ce signe, sans quoi elle se serait récriée. Mais je vais plus loin, et je trouve que ce silence est une reconnaissance implicite. Qui ne dit mot consent, dit le proverbe.

---

(1) Nous avons vu, plus haut, son agitation pendant la nuit qui précéda le départ.

Si Nauendorff n'avait point eu ce signe, il aurait été évident qu'il n'était pas le Dauphin, et la duchesse n'aurait pas manqué de le dire.

Mais le signe du Saint-Esprit était pour elle une preuve évidente d'identité ; et ne pouvant reconnaître son frère à cause de sa famille, elle s'est tue. C'est donc que sa conscience eût crié trop fort, si elle eût récusé cette preuve.

. Ce silence est éloquent.

Jusqu'ici ce que j'ai rapporté ne peut donner qu'une probabilité sur l'état d'esprit de M^me la Dauphine à propos de l'identité de son frère.

Voici maintenant quelque chose de plus positif.

Au chapitre précédent, dans le récit de M. Cahier, nous avons vu que la duchesse d'Angoulême joignait ses supplications à celles du duc de Berry.

Or, cet homme chevaleresque avait reconnu Louis XVII en Nauendorff ; en voici la preuve :

« Je soussigné J.-J. Marcoux, ancien huissier de la chapelle du roi, atteste que M. Pétel, ancien avoué, parent d'un des huissiers du cabinet du roi Louis XVIII, m'a fait le récit suivant :

« Peu de temps avant l'assassinat du duc de Berry, ce prince se présenta fort agité pour parler au roi, et,

au moment d'entrer dans le cabinet, il dit aux huissiers :
« Laissez-moi ! »

» Alors ils fermèrent la première porte, et le prince poussa la seconde un peu plus fort, de sorte qu'elle revint sur elle-même et resta entrebaillée ! La voix du prince s'éleva très-haute ; ils écoutèrent et l'entendirent dire au roi : « Je viens de répondre à mon » cousin ! — Quel cousin ? — Le duc de Nor- » mandie. — Le roi, avec véhémence : Il est mort. » — Non, il n'est pas mort : *Voilà sa lettre.* — S'il » n'est pas mort, il est mort civilement. Ne savez- » vous pas qu'après moi vous êtes appelé à régner ? — » Le duc de Berry répond : *Sire, la justice plutôt qu'une* » *couronne !* Le roi, d'un ton violent, lui intima l'ordre de sortir sur le champ.

» L'huissier, mon parent, en rentrant chez lui, dit : « Le duc de Berry est perdu !... Souvenez-vous qu'il est perdu ! » Ses parents lui demandèrent : « Pourquoi ? » — Pressé par eux, il raconta ce qui précède.

» En foi de quoi j'ai signé.

» Paris, le 16 mai 1851.

Signé : MARCOUX (1). »

(1) Jules Favre, p. 284.

La lettre du duc de Berry à son cousin, le prétendu Nauendorff, est perdue. Mais nous savons par la pièce précédente et M^me Delmas, nourrice du duc, qu'elle a été écrite ; en 1836, M. Henri Pezold, frère du syndic de Crossen, assura à M. X. Laprade qu'il l'avait vue et il lui en citait même des phrases entières. Il est donc certain que Nauendorff fut reconnu comme le Dauphin par le duc de Berry (1).

Or la duchesse d'Angoulême, en s'associant à une de ses démarches auprès de Louis XVIII, a clairement prouvé qu'elle avait les mêmes convictions que lui.

Voici encore un autre témoignage. C'est une lettre publiée dans *la Légitimité* (2).

« Monsieur le Directeur,

» Je viens de lire la brochure qui a pour titre : *Le salut de la France*..... Cet opuscule m'a rappelé une

---

(1) En 1820, avant l'assassinat du duc de Berry, un rassemblement avait été organisé pour soutenir cet excellent prince, qui voulait opérer un mouvement pour faire reconnaitre et proclamer le roi légitime. J'étais entré dans cette conspiration avec plusieurs autres colonels qui devaient soutenir le mouvement. L'assassinat du prince fit tout contremander. (Lettres du colonel comte Duvalès *(a)*, *Voix d'un proscrit* du 20 juillet 1839.)

(2) Tome III, pp. 305 et 353.

*(a)* On peut consulter sur la conviction du colonel Duvalès, sa bru, M^me de Coutfin Duvalès, 32, rue d'Astorg, Toulouse.

tradition de famille que je m'empresse de vous transmettre pour faire tel usage qu'il vous plaira.

« Ma mère avait souvent entendu dire à un de ses oncles, M. Louis de Coïntoux, qui vivait à Poitiers sous la Restauration :

« Tout le monde ici est persuadé que le Dauphin » s'est évadé de la prison du Temple. M^{me} la duchesse » d'Angoulême elle-même n'en doute pas ; elle a dit » devant moi : « *Je sais que mon pauvre frère est en vie...* » IL M'A ÉCRIT DE PRUSSE... *mais mon oncle ne veut pas* » *que je le reconnaisse.* »

« Ces paroles, Monsieur le Directeur, cachent de grandes infamies politiques ! Je crois fermement que M. le comte de Chambord, abusé par les siens, avait accepté de bonne foi le grand héritage.

» Quant à MM. de Provence et d'Artois... c'est autre chose !

» Ceux qui croient au droit divin n'auraient-ils pas le droit et le devoir de réparer cette vérité historique ? La religion elle-même ne le prescrit-elle pas ?

« Montauban, 7 mai 1885.

« LAFOSSE. »

Ainsi, c'est catégorique ! la duchesse d'Angoulême a reconnu Nauendorff pour son frère..... « Il m'a écrit de Prusse, » dit-elle. Or, comme aucun des faux-dauphins n'a écrit de Prusse à la duchesse d'Angoulême, que Nauendorff seul l'a fait, on est forcé d'admettre que c'est en lui qu'elle reconnaissait son frère.

Dans le chapitre suivant, nous allons voir quels détails intimes lui avaient été communiqués par le proscrit et nous comprendrons qu'ils ne pouvaient être donnés par un imposteur.

Mais, dira-t-on, pourquoi la duchesse d'Angoulême n'a-t-elle point reconnu son frère publiquement?

Cette question sera étudiée plus loin.

# CHAPITRE VIII



Plusieurs paroles échappées à la duchesse d'Angoulême, prouvent, comme je viens de le démontrer,
qu'elle a reconnu son frère en Charles-Guillaume
Nauendorff, que nous aimons à saluer Charles-Louis,
duc de Normandie et dauphin de France.

Et comment en serait-il autrement après les lettres
nombreuses et pleines de souvenirs communs que ce
prince infortuné lui a écrites de son exil et dans le
cours de sa vie malheureuse. Nous allons réunir celles
que Nauendorff a publiées : il suffira au lecteur impartial de les parcourir pour se convaincre qu'elles
n'ont pu être écrites que par le fils de Marie-Antoinette.

Jusqu'en 1815, on s'en souvient, il lui fut impossible de se faire connaître à sa sœur : les difficultés
qu'il eut à surmonter l'en empêchèrent.

Mais aussitôt la Restauration consommée, dès le

9

3 août 1815, il se hâte de faire un appel chaleureux au cœur de la princesse. Inclinons-nous avec respect devant cette parole de roi et jugeons si elle n'est pas digne d'un Bourbon.

« Spandau, 3 août 1815.

» MA CHÈRE SŒUR,

» La journée d'aujourd'hui, jour d'amour et de bonheur pour le peuple prussien (1), me rappelle de nouveau ma félicité perdue. Hélas! rien ne m'est resté que les souvenirs amers et tristes de notre fuite à Varennes. C'est en vous que repose maintenant le peu de confiance que je dois avoir en tout ce qui porte le nom d'homme. Je sais qu'on cherche à vous cacher mon existence, mais un temps viendra où tous les traîtres seront punis. Ah! je me rappelle le jour où celui qui est encore mon ennemi et mon persécuteur vint prendre congé de moi; c'était un soir, peu de temps avant notre départ pour Varennes. Je ne puis préciser la date, mais je me souviens de ce fait comme s'il venait d'arriver.

» La nuit était déjà avancée, lorsque notre bonne mère, accompagnée de M<sup>me</sup> de Tourzel, s'approcha de

(1) C'était la fête du monarque.

mon lit et me réveilla en m'embrassant. Je fus aussitôt habillé en petite fille par M^me de Tourzel dans la chambre de ma mère. Hélas! cette excellente mère, pourquoi ne peut-elle plus témoigner en ma faveur? Mais vous, ma chère sœur, et M^me de Tourzel, si elle existe encore, avec lesquelles j'ai quitté les Tuileries, n'êtes-vous pas toutes deux des témoins irrécusables de mon existence? Hélas! peut-être, ma sœur, abusée, doute-t-elle encore. Elle doit savoir au reste que personne autre que moi ne peut lui dire ce qui se passa pendant cette nuit; *quels pieds foulèrent les miens,* lorsque j'étais caché et accroupi dans le fond de la voiture. Rappelez-vous la défense de ma bonne mère, lorsqu'elle m'ordonna un silence absolu, quelque chose qui m'arrivât.

» Mais aujourd'hui une douleur bien plus grande me tourmente, car je cherche la sœur que j'ai perdue pour savoir d'elle si elle veut enfin mettre un terme à la situation pénible que mon déguisement me faisait considérer à cette époque comme une comédie. Ah! je le sens, cette cruelle incertitude ne finira peut-être jamais, puisque l'homme qui me porta dans ses bras, en changeant de voiture dans le cours de ce voyage, n'existe plus. Cela se passait dans un des faubourgs de Paris. Je ne veux pas m'épuiser en regrets et en plaintes inutiles ; je préfère transmettre à ma sœur chérie le récit d'un de mes fidèles amis ; il sera peut-être pour elle un éclaircissement utile.

» Pendant ce triste voyage, un nommé Valéry (1) doit nous avoir accompagnés comme courrier. Le misérable doit avoir averti, peu de temps avant notre arrivée à Varennes, les traîtres qui nous y ont arrêtés. C'est ainsi qu'il aurait tout préparé pour notre arrestation, par ordre de Lafayette et du consentement de notre oncle. Ce Valéry existe-t-il encore ? Dans ce cas, il vous serait facile d'avoir enfin la preuve de l'ambition criminelle de celui qui me poursuivit sans cesse.

» Je n'ose vous communiquer, par écrit, d'autres détails concernant cet événement, ne sachant si cette lettre arrivera ou non jusque dans vos mains.

» Votre malheureux frère,

» CHARLES-LOUIS, duc de Normandie. »

En 1816, il rencontra à Spandau un officier de

(1) M. de Valori, un garde du corps. Plusieurs fois pendant le trajet il disparut ; ses absences mystérieuses inquiétèrent la famille royale, et le souvenir de ces inquiétudes est resté vivant dans l'esprit du prince. — D'ailleurs, la trahison de Valori, si elle n'est pas certaine, est fort probable.

l'armée française du nom de Marassin, un des débris de la retraite de Russie. Le malheureux était dans un état pitoyable. Le prince, heureux de faire du bien à un Français, l'accueillit dans sa maison, où il se remit de ses fatigues.

L'officier français, touché de tant de bonté, lui voua une éternelle reconnaissance.

Le prince la mit à profit; et, lui révélant sa naissance royale, l'envoya en France avec des lettres pour la duchesse d'Angoulême, et en le chargeant d'annoncer au peuple français la conservation miraculeuse du fils du Roi-Martyr (1).

A cette occasion, il écrivit à sa sœur la lettre suivante :

« Spandau, mars 1816.

» *A Madame la duchesse d'Angoulême, à Paris.*

» Ma bien-aimée sœur, pardonne-moi si, répudiant toute étiquette de cour, la tendresse d'un frère qui ne t'a jamais oubliée dicte ces lignes, car je te le dis :

(1) Pour mieux arriver à ce but, il fut convenu que Marassin jouerait d'abord le rôle du dauphin, et ne révélerait la vérité que devant les tribunaux. — Il fut arrêté, retenu deux ans prisonnier à Rouen, puis la police le fit disparaître, et à sa place on produisit devant la cour le grotesque Mathurin Bruneau.

j’existe, c’est moi, je suis ton véritable frère. Exiges-en toutes les preuves, je m’engage à te les fournir, mais à une condition : c’est que tu m’appelleras près de toi, et avec le plus profond secret, ne voulant ni troubler la tranquillité de notre famille, ni nuire à son bonheur, et désirant plus que tout autre chose entretenir dans notre patrie cette paix intérieure dont, hélas ! elle n’a été que trop longtemps privée.

» Ne mets plus en doute mon existence. N’ai-je pas souffert autant que toi et en même temps que toi au Temple ? Pour t’en convaincre, me faut-il te rappeler ce jour où je te revis avec tant de joie, après avoir été si cruellement séparé de notre vertueuse tante ? Eh bien ! souviens-toi que ce même jour, tu fus traînée devant des juges, et que personne au monde, si ce n’est moi, moi ton frère, ne pourrait te décrire où je te revis ensuite, non, personne ne saurait te répéter l’inique interrogatoire que ces hommes, ces monstres osèrent te faire subir, ainsi qu’à notre vertueuse tante.

» Ces faits seuls devraient t’éclairer, te fixer sur la vérité, et justifier ainsi la prière que je t’adresse aujourd’hui. Et pourtant il est encore bien d’autres confidences que je pourrais te faire, si je ne craignais de les confier au papier.....

» Si tu n’osais te laisser guider par toi seule, tu

pourrais t'adresser au roi notre oncle, Louis XVIII, à qui je fais part de tout ceci, par un exprès que je lui ai envoyé, sans cependant lui avouer que je t'avais écrit.

» Alors, comme maintenant, comme au temps de mon enfance, je n'ignorais pas que je devais être l'héritier incontestable et direct de mon père. Je savais aussi que de Charles-Louis, duc de Normandie, qu'on commença de me nommer au jour de ma naissance, on m'appellerait plus tard Louis XVII, comme on avait appelé mon père Louis XVI. Eh bien ! mon père est mort ; et non seulement aujourd'hui on ne veut pas que je porte son nom, mais encore on voudrait s'opposer à ce que je portasse le mien ! et qui ? ma famille !.....

» C'est aux lois de ma patrie, à ces lois égales pour tous, c'est devant mes juges naturels, c'est aux tribunaux français que je m'adresserai pour réclamer un nom qui, peut-être, sera mon unique héritage.

> » Charles-Louis, duc de Normandie. »

Je ne sais si ces lettres parvinrent à leur destination. En tous cas, il n'y fut rien répondu ; néanmoins le prince ne se découragea pas et écrivit de nouveau à la princesse :

« Spandau, le 11 mars 1817.

» *A S. A. R. Madame, duchesse d'Angoulême, à Paris.*

» Jusqu'à ce moment, je n'ai pas reçu de réponse à toutes les lettres que je vous ai adressées ainsi qu'au roi. Quant à vous, mon cœur vous excuse ; mais il n'en est pas de même relativement à Louis XVIII.

» Pour vous convaincre des intentions de cet oncle de mauvaise foi, je vous prie de vous adresser à un certain M. Lebas ; cet homme fut le chargé d'affaires de ma mère adoptive après mon enlèvement du Temple. Il fut envoyé à cette époque, comme je le sais très positivement, auprès du comte de Provence ; mais il ne put en obtenir d'audience.

» Ma mère adoptive était veuve d'un homme qui, comme beaucoup d'autres, a perdu la vie pour nous par les mains des révolutionnaires. Je ne connais pas le nom de cette digne femme, je sais seulement que son mari était Suisse de nation, et qu'elle avait fait sa connaissance par ce M. Lebas.

» La famille de cet homme et celle de M. Lebas avaient alors leur domicile à Genève. Madame, si vous avez reçu mes lettres et si vous n'êtes pas du nombre des barbares conjurés contre moi, vous avez maintenant le pouvoir et les moyens nécessaires de faire rechercher ce M. Lebas à Genève. Pour vous faciliter dans ces recherches, *adressez-vous à la sœur de Robespierre,* qui, si elle vit encore, a une entière connaissance de toutes les relations de M. Lebas, qui connaît très bien la dame que je vous ai désignée comme ma mère adoptive. Si vous voulez vous épargner ces embarras de recherches, faites-moi venir secrètement auprès de vous, deux lignes de votre main me suffiront. *Je me charge du reste.* Croyez-moi, que mon existence ne soit pas plus longtemps l'objet d'un doute pour vous ; ayez donc le courage moral assez élevé pour ne pas céder à une illusion personnelle dont la persistance vous rendrait coupable. En effet, si j'étais mort au Temple, mes persécuteurs se seraient *empressés de vous montrer mes dépouilles mortelles,* pour qu'il ne vous restât aucun doute de mon décès. Maintenant, je vous le demande : a-t-on jamais mis sous vos yeux *un cadavre qu'on vous ait dit être le mien ?* — Pesez cette circonstance dans votre conscience, et vous ne repousserez pas plus longtemps votre malheureux frère qui vous chérit toujours.

« CHARLES-LOUIS, duc de Normandie. »

En 1818, le prince rencontra une jeune fille charmante, douée d'un cœur d'or, appartenant à une excellente famille de négociants et n'ayant plus que sa mère. Fatigué de la vie isolée qu'il menait et du délaissement dans lequel on le laissait, il lui offrit sa main qu'elle accepta avec empressement et sans connaître son origine royale. Avant cet acte, il écrivit au duc de Berry et à la duchesse d'Angoulême, pour les en avertir. Voici la lettre qu'il adressa à sa sœur :

« Spandau, 25 septembre 1818.

» MADAME,

» Il n'y a que moi qui peut sentir combien il est douloureux de m'imposer à vous comme votre frère par les tristes récits des événements de notre enfance. Cependant, Madame, comme vous m'avez refusé jusqu'ici toute réponse à mes lettres, excusez-moi si je vous rappelle des choses d'une époque où je vous fus cher et qui ne vous causeront pas des souvenirs agréables. Ces choses vous prouveront indubitablement que je suis votre frère. J'avais l'intention de ne vous communiquer que de vive voix ces particularités minutieuses qui ne peuvent être connues que de vous. Mais comme j'insère cette lettre dans celle du duc de

Berry, j'espère d'autant mieux vous convaincre ainsi de mon identité, dans le cas où vous en douteriez encore après toutes les démarches que j'ai faites pour me réunir à vous.

» Madame, je ne reviens pas sur les premiers jours de mon enfance, au sujet desquels je vous ai déjà souvent écrit ; mais je vous rappelle la nuit où vous me tintes par la main avec M<sup>me</sup> la marquise de Tourzel, et où nous quittâmes en secret et dans le silence les Tuileries. Vous vous souviendrez, Madame, que je n'ai rien su d'avance de cette fuite, c'est pourquoi je n'ai jamais pu oublier qu'on me mit au lit, ce soir-là, comme de coutume, que je m'endormis, et qu'à une heure insolite je fus réveillé pour ce voyage par notre mère à jamais mémorable. Vous vous rappelez que ce fut M<sup>me</sup> de Tourzel et notre mère qui m'habillèrent. Si cette circonstance n'était pas une preuve suffisante pour vous, Madame, rappelez-vous alors la défense que M<sup>me</sup> de Tourzel et notre mère me firent avant de quitter les Tuileries. Cette défense était que nous ne devions parler à personne, et que moi, surtout, je ne devais pas faire le moindre bruit.

» Ce fut donc silencieusement, Madame, que nous arrivâmes dans un endroit dont j'ai oublié le nom ; et je me souviens très bien encore que ce fut dans l'obscurité que nous dûmes attendre l'arrivée de notre père, de notre mère et de notre tante. Je sais aussi, en outre, que notre père s'excusait auprès de M^me de Tourzel de sa longue absence, en disant qu'il s'était égaré.

» Madame, ce fait seul doit vous convaincre que je ne suis pas du nombre de ceux par lesquels on cherche à vous tromper et à vous éloigner de moi, s'il était possible que vous pussiez encore le moins du monde douter de moi, alors permettez-moi de vous rappeler le jour malheureux où l'on vous conduisit, pour la première fois, dans ce grand édifice, où vous, moi, notre père, notre mère et notre tante, avec M^me la princesse de Lamballe et M^me de Tourzel, nous fûmes vers le soir enfermés dans la loge grillée où, épuisé de fatigue, je m'endormis sur les genoux de ma mère, et je ne me réveillai, je crois, que le lendemain, lorsqu'on nous mena dans les tristes prisons.

» Mais si cela ne suffisait pas pour vous prouver que je suis votre véritable frère, je vais vous rappeler les témoins qui nous ont accompagnés jusqu'à cet édifice et dont je n'oublierai jamais les noms ; c'étaient le prince de Poix, et le vicomte de Saint-Priest, et M. de Jarjaye. J'ai encore moins oublié le jour où nous fûmes menés au Temple, et je sais fort bien comment notre bon père, ma mère, ma tante, M^me la princesse de Lamballe, M^me de Tourzel avec M^lle Pauline, nous fûmes tous mis dans la même voiture pour être conduits à notre nouvelle prison. Vous, Madame, vous vous souviendrez que j'ai fait le trajet jusque-là sur les genoux de ma bonne mère, à cause du manque de place. Vous vous souviendrez aussi de M^me Bazire et de MM. Chamilly et Hue, qui nous suivirent jusque dans la petite tour. Je vous ai déjà parlé dans mes lettres précédentes de notre fidèle Cléry, qui nous rejoignit plus tard, et de bien des choses que vous pouvez seule savoir.

» Vous vous souviendrez peut-être, Madame, de l'objet que M^me la duchesse de Sérent fit parvenir à notre tante, lorsque nous nous trouvâmes dans la grande tour, et qu'elle cacha dans le chapeau qu'elle gardait dans sa chambre. Mais si tous ces souvenirs, Madame, ne suffisaient pas pour vous convaincre de mon existence, il n'y a que votre véritable frère qui puisse vous faire la description suivante, c'est-à-dire celle des appartements de la grande tour, où, en entrant dans la chambre de notre mère, son lit se trouvait placé entre la cloison de bois, à gauche ; mais en entrant dans la chambre de notre tante, nous devions passer par l'habitation de Tison, que vous connaissez bien. Je n'ai jamais pu oublier non plus l'état de folie dans lequel se trouvait la femme de ce méchant homme. Je vous dis ceci pour ma justification. Puissent mes persécuteurs ne jamais éprouver un sort semblable au mien, car je leur pardonne !

« LOUIS-CHARLES, duc de Normandie. »

Le 31 août 1819, le prince était père de M<sup>me</sup> Amélie. Quelques jours plus tard, il le fait connaître à sa sœur, malgré l'abandon dans lequel elle le laissait.

« Spandau, le 4 septembre 1819.

» *A S. A. R. Madame, duchesse d'Angoulême, à Paris.*

» MADAME,

» Mon cœur ne peut se refuser à vous considérer comme l'objet de toute sa tendresse, quoique vous ayez laissé sans réponse les lettres que je vous ai adressées. Une voix intérieure me dit que vous prenez part également à tous les malheurs de mon existence comme aux éclairs de bonheur de mon triste ménage.

» Je dois croire que mon mariage vous est connu. Je m'empresse donc de vous annoncer que ma jeune épouse m'a rendu père d'une fille le 31 août dernier ; cette enfant est l'image d'un ange. En me rappelant vos traits, je les retrouve sur la figure de cette enfant. Je n'ose pas lui donner votre nom, il me rappellerait un passé trop cruel; mais je lui ai donné celui d'A-mélie. Ce choix doit conserver dans ma mémoire les détails du malheureux voyage de Varenne, et vous convaincre que je n'ai rien oublié de ma première enfance; j'en excepte néanmoins la date du jour, où, pendant la nuit suivante, notre bonne mère, accompagnée de M<sup>me</sup> de Tourzel, me réveilla pour ce voyage et me revêtit d'un costume féminin. Je ne sais si vous ignorez ce que je dis à maman et à M<sup>me</sup> de Tourzel sur ce singulier accoutrement. Quant à moi, je me rappelle encore distinctement, comme si c'était en ce moment, que je pensais que nous allions jouer la comédie. Hélas! j'étais loin de prévoir alors que c'était d'un triste drame dont il s'agissait..... Qui m'aurait dit que, tant d'années après, je donnerais à mon enfant *le nom d'Amélie que vous portiez pendant ce voyage?* Ah! ma sœur! si vous pouviez être témoin, dans cet instant, de la joie mêlée de tant de douleur que mon cœur révèle, certes, vous ne repousseriez pas plus longtemps votre frère.

» Je vous le répète encore, n'avez-vous pas reçu mes lettres, ou êtes-vous toujours trompée par un oncle coupable?

» N'est-ce pas lui, en effet, qui fait surgir de temps à autre des imposteurs qui s'arrogent mes droits et empruntent mon nom ? Ou vous-même, Madame, n'avez-vous aucune foi à mon existence?

» Je vous rappellerai le jour terrible où nous fûmes transférés de Versailles à Paris. Je n'ai pas oublié le garde du corps fidèle qui courait à pied auprès de la portière pendant ce fatal trajet. Je n'ai pas oublié non plus le monstre couvert de sang courant avec son arme meurtrière au milieu d'une bande de cannibales portant sur leurs fourches, au-devant de la voiture, *les têtes de nos malheureux amis !*..... Combien mes instants si rares de bonheur sont empoisonnés par ces affreux souvenirs!..... Hélas! il ne me reste donc plus d'espoir d'être réuni avec les êtres chers aux mains desquels je me trouvai en quittant nuitamment les Tuileries pour revenir bientôt après prisonnier dans ce palais. Ah! ma sœur! rappelez-vous la question que vous m'adressâtes alors et la réponse que je vous fis. Vous fixâtes vos yeux sur moi avec inquiétude, vous me prîtes la main en me demandant ce que nous allions faire! Vous ne pouvez pas douter que votre véritable frère peut seul vous dire où et dans quelle chambre tout cela se disait et ce qui nous est arrivé d'horrible à Varennes; mais je vais tâcher de ne pas m'en ressouvenir. Faites-moi seulement retrouver une sœur, et, à ce prix, je pardonnerai à mes bourreaux.

» CHARLES-LOUIS, duc de Normandie. »

Le prince continua ainsi pendant longtemps des instances sans résultat ; toujours la duchesse d'Angoulême garda le silence envers lui. « Entre autres pièces, dit J. Favre (1), qui ont échappé à des destructions naturelles, nous trouvons à la date de 1832 un reçu de la poste de Crossen qui constate l'existence d'une lettre envoyée par Nauendorff à la duchesse d'Angoulême.

#### REÇU DU BUREAU DE LA POSTE DE CROSSEN

« L'autorité certifie par ce reçu qu'une lettre pesant
» deux onces, à l'adresse de M^me la princesse royale
» de France, M^me la duchesse d'Angoulême, a été
» remise pour être expédiée par la poste.

» Crossen, 25 mars 1832.

» *(Bureau de la poste royale de Prusse.)*

» Signature illisible. »

A cette époque, le prince vint en France. Il fut bientôt reconnu par plusieurs des serviteurs de

_______

(1) Plaidoirie devant la Cour d'appel de Paris, p. 53.

Louis XVI, qui étaient encore vivants et qui firent eux-mêmes les démarches auprès de M^me la Dauphine. En 1834, le prince lui envoya M. Morel de Saint-Didier, dont nous raconterons bientôt la mission. Vers cette époque, il écrivit à sa sœur, mais sans la lui envoyer (1), la lettre suivante publiée en 1836, dans l'*Abrégé des infortunes du Dauphin* :


« MADAME,

» Vous avez entendu dire que votre frère était porteur d'un signe naturel remarquable que la reine a nommé Saint-Esprit. Eh bien ! ce signe, je le porte sur ma personne ; il représente une espèce de pigeon

(1) A propos de cette lettre et d'une autre, on lit dans l'*Abrégé des Infortunes*, p. 254 : « Ces deux lettres suivantes n'ont point été envoyées à M^me la duchesse d'Angoulême. Voici dans quelles circonstances elles furent écrites : Les deux voyages à Prague de M. de Saint-Didier et celui de M^me de Rambaud avaient eu lieu. M. Sosthènes de la Rochefoucauld vint trouver le duc de Normandie, et lui déclara que M. le marquis de Pastoret avait reçu l'ordre de Madame de s'occuper de cette affaire et de lui faire un rapport ; en conséquence, on proposa au prince de communiquer ses preuves. Il fut arrêté que deux amis sûrs, choisis par le prince, seraient porteurs des documents justificatifs de son identité, scellés de son cachet ; que ces deux commissaires se rendraient auprès de M^me la duchesse d'Angoulême, accompagnés de commissaires pris parmi les amis de la famille exilée, et que le paquet renfermant en même

en forme de Saint-Esprit. Je joins ici, à cet égard, l'attestation de deux médecins.

» Vous aussi, Madame, vous avez une marque sur votre corps. Votre frère lui-même l'a vue, lorsque vous étiez malade dans la tour du Temple. Si vous en doutez un instant, j'ajouterai que votre frère peut vous indiquer la partie de votre corps qui porte cette marque.

» Notre tante avait une marque remarquable ; vous l'avez connue, et vous savez très bien ce dont votre frère veut vous parler. Votre véritable frère, et lui seul, peut vous indiquer l'endroit où se trouvait cette marque.

» De plus votre véritable frère, et lui seul, peut vous dire ce que faisait notre mère tous les matins

temps les deux lettres dont nous parlons serait décacheté en présence de cette commission par Madame seule. Quand on vit que le prince se prêtait avec autant d'empressement et de loyauté à une sorte d'arbitrage dont le résultat serait évidemment de désiller les yeux de sa sœur et d'amener la reconnaissance du frère, alors MM. de Pastoret et de la Rochefoucauld ne voulurent plus donner la suite à leur proposition. Que les hommes de conscience et les esprits droits réfléchissent ! »

*La Légitimité* ajoute, t. IV, p. 158 : « Nous croyons savoir que cette lettre a été envoyée dans une autre occasion. Quoi qu'il en soit, elle a été publiée dans l'*Abrégé des Infortunes*, en 1836, et Madame, à qui cette lettre est parvenue, par conséquent, par la voie de a presse, n'en a pas fait démentir les assertions.

pour avoir des nouvelles de cette bonne tante, avant son lever et celui de la reine.

» Mes commissaires sont porteurs d'un papier dont notre mère avait reçu plusieurs exemplaires dans le même mois où je fus livré aux mains de Simon. Votre frère seul peut vous nommer le porteur de ce papier que vous connaissez aussi bien que lui.

» Ne croyez pas que votre malheureux frère ait oublié la moindre chose, car seul il peut vous dire quelle était la personne qui le prit dans ses bras lorsque nous arrivâmes aux Tuileries dans la nuit, en 1791. Vous connaissez très bien cette personne.

» Rappelez-vous ce que faisait alors notre mère et pourquoi?

» Pendant la nuit du 9 au 10 août, une personne est venue coucher dans ma chambre, pourquoi? Quelle était cette personne? Dans quel endroit de ma chambre couchait-elle? Vous savez très bien tous ces détails. Votre frère seul peut vous les nommer.

» Si vous pouvez encore douter que je suis votre frère, rappelez-vous les papiers qu'on vous a fait connaître, depuis votre entrée en France, sur la conduite du comte de Provence; ces papiers m'appartenaient.

» S'il vous reste encore un doute, que vos souvenirs vous rappellent l'homme qui nous disait à

Varennes : Je sais un secret. Cet homme a été plus tard un de mes plus fidèles serviteurs, car il a su réparer les crimes que le comte de Provence lui avait fait commettre alors contre notre infortuné père et contre nous tous.

» Enfin, si tant de détails restent insuffisants pour vous convaincre, rappelez-vous ce que faisait notre mère lorsqu'elle reçut ce que je vous envoie ci-joint, et qu'elle avait alors cru perdu. A qui cela appartient-il? Qui en était le porteur? Vous ne l'ignorez pas.

» Madame, si je ne vous transmets pas l'explication de tout cela, c'est la prudence qui m'en impose la réserve, car vous savez très-bien ce qu'on a fait avec le prisonnier de Rouen pour me perdre. Mes commissaires sont chargés de vous dessiller les yeux à cet égard si vous les interrogez.

» Signé : CHARLES-LOUIS, duc de Normandie. »

A partir de ce moment, le Prince voyant que c'était comme un parti pris du côté de sa famille de ne pas le reconnaître, résolut de s'adresser aux tribunaux français, et cessa ses réclamations particulières. Néanmoins, en 1837, il écrivait encore à la duchesse d'Angoulême :

» Pour vous égarer plus sûrement, on vous a envoyé la copie de mon acte de mariage qui porte mon âge ; en 1818, quarante-trois ans. Certainement, le vieillard dont fait mention cet acte fabriqué par la politique ne doit vous sembler qu'un imposteur, car j'aurais aujourd'hui au moins soixante et un ans. C'est une perfidie trop grossière, qui ne peut échapper à des yeux clairvoyants. Au surplus, vous avez mon portrait, voyez et jugez par vous-même. »

Telles sont les lettres de Louis XVII qui sont parvenues à ma connaissance. Je ne rapporte pas toutes celles qu'il a écrites, toutes n'ont pas été publiées. Mais celles que nous avons lues suffisent, à mon humble avis, pour nous affirmer le caractère de celui qui les a écrites.

Le sentiment général qui domine dans ces lettres est un profond amour fraternel. Le prince méconnu use de grands ménagements envers sa sœur qu'il chérit, et qu'il ne veut pas accuser. Avec quel tact, quelle délicatesse ne ménage-t-il pas sa sensibilité, quand il est obligé de lui rappeler de pénibles souvenirs !

Quelquefois, il est vrai, un sanglot d'amertume monte de son cœur à ses lèvres, à la vue de l'indifférence qu'on montre à son égard, et il lui échappe quelques reproches. Mais bientôt une douce parole, un cri de cœur vient corriger ce qu'il y avait d'amer dans le passage précédent. On sent que celui qui écrivait ces lignes ressentait profondément toutes les pensées qui les remplissent.

Et au souvenir des événements qu'il rappelle, quelle tristesse poignante le saisit lui-même! On sent qu'il dut, lorsqu'ils se passaient, en éprouver une profonde douleur, douleur qui se réveille en son âme toutes les fois que sa mémoire fidèle les retrace à sa pensée.

Un imposteur aurait-il eu cette manière de penser et de parler?

Mais les lettres que nous avons citées expriment autre chose que des sentiments ; elles sont « bourrées » (passez-moi l'expression) de faits, les uns ignorés de l'histoire, les autres contraires au récit qui en avait été fait et qui a été reconnu faux depuis.

Il est indubitable que l'historien le mieux renseigné ignore une foule de petits détails, d'aventures quotidiennes qui se passent dans l'intérieur du foyer domestique, et qui ne sont connus que des personnes de la famille. Qui, par exemple, savait, en 1820, que Madame Royale portait le nom d'Amélie dans la fuite de Varennes? Qui aurait pu le dire au prince, en Prusse?

L'ignorance et la mauvaise foi ont causé beaucoup d'erreurs dans l'histoire. Un imposteur n'aurait point cherché à les découvrir, il aurait lu, appris les histoires officielles, et s'en serait bravement tenu à ce qu'elles racontaient. Autrement il n'aurait eu aucune chance de réussir.

Que fait le prince? Il ne lit pas les historiens; il fait seulement appel à ses souvenirs, et il affirme tout ce qu'ils lui rappellent, sans se préoccuper s'il est en contradiction avec les historiens les plus accrédités. C'est ainsi qu'il rappelle à sa sœur les têtes promenées devant la voiture royale aux jours néfastes des 5 et 6 octobre, quoique Thiers et d'autres historiens de la Révolution aient affirmé le contraire. Et voilà que des lettres authentiques de M^{me} Elisabeth, *récemment publiées*, confirment la version du prince. Ainsi se fait la lumière.

Le plus souvent, sinon toujours, il affirme sans la moindre hésitation, et cela pour des faits insignifiants en apparence, mais qui ont une grande force cependant, par cela qu'ils ne sont connus que des personnes intimes avec la famille royale.

Un imposteur ne serait point entré dans tous ces détails; autrement il s'y serait fourvoyé.

Et à ces lettres si tendres, si pressantes, si respectueuses, que fut-il répondu? Rien. Toujours le silence, un éternel et glacial silence est le rempart des Bourbons contre leur chef véritable, contre leur roi.

Malheureux, qui ne savaient pas qu'un jour ce silence même les accuserait! Ainsi la vérité venge ses droits.

Et qu'on ne dise pas : leur silence était causé par le dédain.

Le dédain! Non, mille fois non; il avait une cause plus basse et plus honteuse : la crainte.

Le dédain lui-même aurait eu ses dangers.

Quoi! voilà un étranger, un Allemand qui se dit le fils de Louis XVI, qui revendique une place dans la plus noble famille qui soit au monde et l'on ne dit rien !

Il fait le public juge entre lui et les Bourbons, il publie les lettres qu'il leur adresse, des journaux prennent sa défense; de nombreux légitimistes deviennent ses partisans, et l'on ne proteste pas !

Ah! si les Bourbons ont gardé le silence, c'est qu'ils ne pouvaient pas parler, c'est que les faits qu'il aurait fallu contester étaient vrais; s'ils n'ont pas protesté, c'est qu'ils craignaient de faire la lumière sur cette affaire.

Et la conclusion se tire toute seule : Nauendorff était bien le fils de Louis XVI et de Marie-Antoinette.

# CHAPITRE IX



Il convient qu'aux lettres du prince méconnu nous ajoutions quelques passages de ses Mémoires ; ils contribueront à nous le faire mieux connaître.

Ce sera pour nous une preuve de sa bonne foi.

..... « Je me rappelle exactement, dit-il (1), jusqu'à l'époque où nous quittâmes Versailles pour venir nous fixer à Paris. Mes souvenirs se rattachent même à des faits antérieurs à cette époque. Avant le 6 octobre, j'occupais des appartements autrefois habités par mon frère, près des pièces qui servaient à M<sup>mes</sup> Victoire et Adélaïde. C'est là que M<sup>me</sup> de Saint-Hilaire, qui était au service de M<sup>me</sup> Victoire, avait l'occasion de me voir souvent ; c'est dans une de ces pièces que je couchai la dernière nuit que nous passâmes à Versailles ; c'est là, que me portant entre ses bras, mon

_______

(1) *Abrégé des infortunes du Dauphin*. Londres, C. Armand, 1836, p. 7.

trop bon père venait de me réfugier pour me soustraire aux assassins. Il était suivi de M^me de Bare qui avait veillé cette nuit auprès de moi. Elle entra, avec mon père et moi, par un escalier dérobé, dans la chambre où nous trouvâmes ma mère, qui me prit dans ses bras, en me couvrant avec son manteau de lit, qui était d'une étoffe blanche. Une personne alla chercher mes vêtements pour m'habiller, ce qui se fit dans la chambre de mon père. Je n'ai point oublié cette personne. Ma sœur, plus âgée que moi de sept années, était présente à cette scène ; elle doit demander à celui qui se dit son véritable frère quelle était cette personne. Pour garantie de cette vérité qui ne peut être connue que du fils de Louis XVI, j'invoque le témoignage de la duchesse d'Angoulême elle-même.

» Pendant notre voyage de Versailles à Paris, deux monstres portaient *au bout de leurs piques deux têtes d'hommes ;* ils marchaient devant notre voiture. Au milieu d'eux figurait un homme d'un aspect féroce ; il avait une grande barbe et portait sur l'épaule la hache ensanglantée avec laquelle vraisemblablement il avait consommé cet horrible sacrifice. Enfin, on nous fit arrêter devant une boutique où ces scélérats entrèrent, et bientôt ils sortirent, ayant poudré les têtes de leurs victimes. Tout à coup un de ces misérables s'avança vers nous et approcha une tête de mes yeux. J'étais debout à la portière sur laquelle s'appuyait un de nos amis pour nous protéger contre la populace. Ce brave écartait tous ceux qui s'approchaient pour l'éloigner, mais il ne put empêcher les assassins de mettre une de ces têtes sous nos yeux. Je fus si fortement effrayé de cet affreux spectacle, que je m'élançai dans le sein de ma mère pour cacher mon visage. De toutes les personnes qui étaient avec moi dans la même voiture une seule existe : c'est ma sœur. Aurait-elle le coupable courage de nier ce fait, que personne au monde ne peut connaître que son véritable frère ? Enfin, arrivés à Paris, nous fûmes enlevés par le peuple et conduits à l'Hôtel-de-Ville. Je montai l'escalier entre ma mère et M^{me} Elisabeth ; ces tendres amies me donnaient la main pour me conduire dans une vaste salle qui était déjà remplie d'hommes, dont la plupart étaient ivres. Nous y restâmes jusqu'à une heure avancée de la nuit, et malgré les cris bruyants de la populace pendant la traversée de l'Hôtel-de-Ville aux Tuileries, je m'étais endormi dans la voiture sur les genoux de ma bonne mère, et je fus réveillé par les cris : Mon fils ! mon fils ! il est enlevé. Je répondis : Maman ! car, effectivement, je me trouvais entre les mains d'un étranger qui me remit entre les mains d'un frère de Cléry, valet de chambre de ma sœur, qui s'appelait Hannet. J'ai si bien présent à ma pensée ce fidèle serviteur, que je me rappelle comme si le fait était d'hier, qu'il nous donnait, le soir, *le spectacle d'une lanterne magique pour nous amuser moi et ma sœur*, dans notre enfance.

» J'avais alors quatre ans ; Hannet me rendit à la tendresse inquiète de mon excellente mère qui me pressa contre son sein en me couvrant de baisers.

» Il est sans doute bien facile, avec une bonne mémoire, de raconter ce qui est écrit par d'autres relativement à ce qui s'est passé durant notre malheur. Quant à tous ces détails qui sont restés inconnus et qui n'ont jamais été publiés, voilà la pierre de touche pour M^me la duchesse d'Angoulême, si elle veut se convaincre de la vérité. Procédons par des exemples :

» J'étais très enfant lorsque le voyage de Varennes fut décidé (1). Néanmoins, je me rappelle très bien que le comte de Provence s'entretenait devant moi

---

(1) Le prince avait six ans à cette époque. Le voyage de Varennes l'avait beaucoup frappé sans doute, car il y revient souvent dans ses lettres. Rien, en effet, ne peut faire plus d'impression sur un enfant que ce qui est insolite et extraordinaire, et qu'y a-t-il de plus insolite que ce départ au milieu de la nuit, cette fuite précipitée au milieu de terribles appréhensions et enfin la malheureuse arrestation de Varennes?

avec mon père et ma mère avant le départ, mais je ne pensais rien. Ma mère me réveilla subitement au milieu de la nuit, en présence de ma sœur, qui, comme je le savais, couchait à un étage plus haut que moi. Lorsque je fus réveillé par les baisers dont ma tendre mère me couvrait en m'éveillant, je vis M^me de Tourzel auprès de moi. C'est elle qui m'enleva sur ses bras et, sans dire mot, nous descendîmes dans la chambre de ma mère, où cette tendre mère, en m'embrassant toujours, m'habilla et me déguisa en petite fille.

» M^me la duchesse d'Angoulême s'est laissée persuader que je pouvais étudier mon rôle dans l'histoire. Mais, dirais-je à Madame, demandez donc à ceux dont tous les efforts se réunissent pour vous éloigner de moi où de pareils détails se trouvent imprimés.

» Je fus ensuite recouché dans le fond d'une voiture, où je restai longtemps endormi. Quelqu'un *marcha sur moi* en entrant dans cette voiture, *c'était ma tante*. J'avais peur, c'est pourquoi je ne dis rien jusqu'à ce que ma bonne mère vint nous y rejoindre. Elle me prit sur ses genoux et m'y garda jusqu'au moment où nous changeâmes de voiture. Notre voiture s'arrêta. Mon père parlait avec des gens qui étaient avec nous. Enfin il descendit pour rechercher l'autre voiture qui n'était pas encore là, revint avec cette voiture et fit descendre ma mère qui me remit sur les genoux de M^me de Tourzel, car elle était avec nous. Ensuite mon père revint à moi, et lui-même *m'enleva sur ses bras* et me donna à ma mère qui était déjà remontée dans la nouvelle voiture.

» Niez ces faits, M^me la duchesse d'Angoulême, ou faites-vous dire par les intrigants qui vous entourent, où cela était imprimé, avant que je vous l'eusse fait savoir par M. Morel de Saint-Didier.

» La voiture fut mise en route, et je m'endormis sur les genoux de ma mère jusqu'au lendemain. Je remarquai alors que mon père était déguisé et je demandai à ma mère pourquoi j'étais déguisé en petite fille. Ma sœur me coupa la parole en disant à ma tante, M^me Elisabeth, qui était avec nous dans la même voiture, et qui n'avait pas été dans la chambre de ma mère lorsqu'on me déguisa, ni lorsque nous quittâmes les Tuileries : « Hier il croyait que nous allions jouer une comédie. — Ou une tragédie, me dit ma mère. — Mais soyez prudent, mon fils, et si on vous demandait comment vous vous appelez, dites Aglaé, et votre sœur Amélie. » Où donc encore, Madame, de pareilles choses ont-elles été imprimées avant que je vous eusse écrit en 1816 ? Vous n'avez pas voulu recevoir les papiers que je vous ai envoyés par un brave militaire, et vous les avez fait remettre au ministre de la police. Vous n'avez pas voulu me voir. Eh bien ! Madame (c'est vous qui me forcez à tenir ce langage), mon histoire vous fera connaître vos aimables amis, qui vous disent tous les jours combien ils vous honorent, pour vous tromper si facilement et vous laisser mourir dans vos peines que vous ne méritez certainement pas. Toutefois, on peut pécher par omission. Et par là, chère sœur, vous sentirez que la Providence n'est point injuste. Mettez la main sur votre cœur, et regardez ceux qui vous entourent et avec lesquels ils sont en correspondance, les princes comme les princesses ont été faits pour voir par leurs propres yeux, ainsi voyons.

» Nous arrivâmes bientôt dans une ville dont toutes les maisons étaient couvertes de tuiles formant un ∽ renversé (1). Je demandai le nom de cette ville, que mon père me disait s'appeler Châlons-sur-Marne. Après cela, nous atteignîmes une petite ville où nous crûmes être arrêtés. Je n'en sais plus au juste le nom,

---

(1) C'est bien la marque distinctive des enfants qui s'arrêtent à des minuties même dans les circonstances les plus graves. Pour moi, un trait de cette nature me semble concluant, un imposteur n'aurait ni fait ni rapporté de pareilles remarques.

mais je crois que c'était Epernay. Un jeune officier de la garde nationale, avec lequel s'entretint beaucoup ma mère, sans quitter la voiture, nous arracha heureusement pour cette fois.

» Il était déjà nuit lorsque nous arrivâmes à Varennes, où nous fûmes arrêtés et détenus provisoirement chez un homme nommé M. Sauze, dont la femme, qui nous servait, fut assez affable avec nous.

» Notre triste retour est assez connu pour que je ne m'occupe pas de ces détails. Néanmoins, il est une circonstance que je ne dois pas omettre.

» Un sieur Latour-Maubourg, l'un des commissaires qui nous ramenaient à Paris, nous suivait avec Péthion dans une autre voiture. Quoique la populace respectât ces messieurs, ils laissèrent pourtant assassiner sous nos yeux un ami de mon père, ami qui était très connu de M. Latour-Maubourg.

» C'était dans ce moment où la populace furieuse assassinait cet ami, que Barnave, qui était dans notre voiture, me prit sur ses genoux pour me protéger plus facilement en cas de besoin. Pendant notre voyage, il me serrait souvent les mains et me prodigua ainsi des témoignages d'intérêt, jusqu'à notre arrivée à Paris. Dans le jardin, devant les Tuileries, Barnave me remit entre les mains d'un officier de la garde nationale, qui

me porta au château, dans la salle de l'assemblée. Là,
M. Hue s'empara de moi pour me porter dans mes
appartements où je fus gardé assez longtemps par des
officiers de la garde nationale.

» Tout ce qui s'est passé depuis notre retour de
Varennes jusqu'au 20 juin est très connu. Je ne re-
viendrais pas sur ces malheureux souvenirs, si l'on
n'avait pas prétendu, il y a peu de temps, *m'avoir vu
ce jour-là même dans la chambre de mon père*, au moment
où le peuple égaré venait d'enfoncer les portes de ses
appartements. Cette prétention est fausse. Je me rappelle très bien que nous étions dans la chambre de
mon père auparavant, ce fait est vrai ; mais aussitôt
que le danger s'annonça par les hurlements de la
populace, ma mère nous *emmena promptement, moi et
ma sœur, dans une autre chambre où nous restâmes*. Ce
fut M^me la princesse de Lamballe qui détermina ma
mère à rester auprès de nous, car elle voulait par
force se rendre auprès de mon père qui était en danger.
Il importe que je rappelle cette circonstance à Madame,
parce qu'elle ne peut pas avoir oublié *que la princesse se
jeta entre les bras de ma mère,* lorsqu'elle voulait retourner dans la chambre où était resté notre père avec
notre bonne tante M^me Elisabeth. J'invoque ici le
témoignage même de M^me la duchesse d'Angoulême,

qui ne peut méconnaître son frère à l'occasion du fait exact que je cite ici, et du nom de celle qui se jeta dans les bras de ma mère, pour l'empêcher de retourner dans l'appartement dont la population avait déjà enfoncé les portes.

» Les autres détails de cette triste journée sont trop connus pour que je m'y arrête. Le fait dont je viens de parler témoigne suffisamment que je n'ai rien oublié *de ce que j'ai vu par moi-même*. Pendant cette journée et depuis, ma mère n'a point cessé de pleurer; aussi cette journée fut l'avant-coureur du 10 août.

» On voit donc que je me rappelle parfaitement les faits que j'ai transmis à ma sœur pour preuve de mon identité. Je lui ai demandé entre autres quelle était la personne qui couchait dans ma chambre du 9 au 10 août.

» C'était *ma mère* qui était venue chercher quelque repos, en se jetant sur le lit de celle qui veillait cette nuit auprès de moi.

» Le jour suivant, nous devînmes prisonniers, car nous quittâmes les Tuileries pour aller à l'assemblée, où nous fûmes bientôt enfermés dans une espèce de prison. Je devais d'autant plus avoir cette pensée, *que ce trou était grillé de fer*. Quoique M^me de Tourzel et M^me la princesse de Lamballe fussent enfermées avec nous, c'était toujours ma tendre mère qui me tenait entre ses bras et sur ses genoux. Mais de tout ce jour je n'avais rien mangé qu'une pêche et un morceau de pain. J'avais encore plus soif, car il faisait très chaud. Malgré tous les efforts de ma bonne mère, impossible de se procurer la moindre chose. Enfin, un de nos amis, c'était le ministre de la justice, nous fit entrer dans une autre petite pièce pour nous faire manger une soupe au riz et un peu de volaille (1). Mon père, ma mère et les autres personnes qui étaient avec nous, ne prirent aucune part à notre repas. Ma sœur même ne mangea que de la soupe. Ce fut ma bonne tante, M^me Elisabeth, qui était avec nous, mais sans manger. Après ce repas, on nous fit rentrer dans la prison grillée, où je m'endormis bientôt sur les genoux de ma mère. Pour l'exactitude de ce que j'avance ici, je donne comme témoins M^me la duchesse d'Angoulême et l'ancien ministre de la justice qui vit encore (en 1836).

» Il y a des personnes de mauvaise foi qui diront, après avoir lu ces Mémoires : il est impossible qu'un enfant de cet âge puisse se rappeler aussi exactement.

(1) Ces détails sont contraires au récit de tous les historiens ; et néanmoins M. de Joly, le ministre dont il est parlé, en reconnut l'exactitude après avoir consulté ses anciens souvenirs consignés par écrit.

» Voici des preuves : après quarante-six ans, j'ai retrouvé M. de Joly. Un jour il se disputait avec moi en présence de mes avocats, assurant que le grillage dont j'ai parlé avait été enlevé le premier jour. Je soutenais que non, parce qu'il était déjà tard lorsqu'on nous fit sortir de là, et que la grille y était encore ; mais le lendemain, à notre entrée, la grille était enlevée (1) : ceci est très exact d'après plusieurs témoins qui existent.

» Enfin, en sortant de là pour la première fois, on nous conduisit dans un autre édifice, où nous fûmes enfermés. Je ne savais pas alors où cela était (aux Feuillants). Le lendemain je me trouvai dans une autre petite prison avec M<sup>me</sup> de Tourzel, couché sur une espèce de matelas par terre. Je lui demandai avec instance d'être conduit chez ma mère; elle me tranquillisa bien vite, car cette bonne mère était auprès de moi avec ma sœur, dans une pièce voisine, dont la porte donnait dans la mienne.

» J'ai déjà mais vainement demandé à Madame si elle se rappelait le jeune homme qui nous servit avec un zèle si chevaleresque pendant notre séjour aux

---

(1) Tous ces détails sont vrais, et M. de Joly les reconnut bientôt. D'autres que le prince ont écrit le récit de cette discussion et nous l'ont transmis.

Feuillants ; car se sont là des détails qui ne sont connus que de ma sœur. Les choses générales de ces jours de nos douleurs ne sont ignorées de personne. J'en éloignerais volontiers les tristes souvenirs, si la nécessité ne m'y ramenait pas malgré moi, sous le rapport des faits inconnus et non publiés. Ne sont-ils pas, en effet, la preuve la plus éloquente que je n'ai rien de commun avec ces misérables audacieux qui ont usurpé mon nom et mes qualités, et qui s'en sont servis assez et trop longtemps pour faire tant de dupes, ou qui ont agi sciemment, comme instrument de mes persécuteurs, pour étouffer la vérité !

» Enfin, nous quittâmes les Feuillants, théâtre de cruels acteurs qui ont si bien su tromper, voler, déshonorer et égorger en son propre nom la nation française. On nous fit monter dans un fiacre, mon père, ma mère, ma sœur, ma tante et moi. M<sup>me</sup> la princesse de Lamballe, M<sup>me</sup> de Tourzel et sa fille Pauline y entrèrent avec nous. Il n'y avait plus de place, lorsque tout à coup trois misérables s'y précipitèrent, non pour nous accompagner et pour notre sûreté, mais pour nous gêner et nous outrager. En ce moment, j'étais debout devant M<sup>me</sup> de Tourzel, quand aussitôt ma bonne mère me prit sur ses genoux pour faire de la place, et elle me pressait sur ses bras afin de me protéger contre tout danger. Mon père, ma mère, ma tante, moi, ma sœur, M^me la princesse de Lamballe, nous étions tous assis presque l'un sur l'autre dans le fond de cette voiture. J'invoque, pour attester l'exactitude de ce fait, le témoignage de Pauline de Tourzel qui était dans la voiture *en face de ma mère et de moi*.

» Nous arrivâmes au palais du Temple, dans un assez joli appartement où nous restâmes, je crois, jusqu'à minuit, lorsque, tout à coup, les traîtres nous enlevèrent mon père.

» Je laisse à M^me la duchesse d'Angoulême le soin de m'interroger sur ce qui s'est passé parmi nous depuis cet enlèvement. Dans ce moment-là, M^me la princesse de Lamballe, M^me de Tourzel, Pauline, sa fille, et les dames de Saint-Price, Navarre et Bazire étaient avec nous. M. de Chamilly, M. Hue avaient été enlevés avec mon père. Nous nous trouvâmes tous ensemble le lendemain dans une maison qui figurait une tour à quatre étages...... »

J'omets la description du Temple, quoiqu'elle soit fort intéressante. Il y a bien quelques erreurs de détail, quelques inexactitudes sans importance, ce qui n'est pas étonnant dans un homme décrivant de mémoire, après une quarantaine d'années, ce qu'il n'avait vu qu'enfant; j'ajoute même que ces erreurs sont une preuve de plus de la véracité et de la bonne foi de celui qui raconte. Il fallait néanmoins que le prince eût conservé un souvenir assez précis de ces tristes lieux, puisque ce fut à la seule description du Temple, où il avait été prisonnier, que le commodore anglais Sydney Smith le reconnut dans la suite comme un fils de Louis XVI. On se rappelle aussi l'effet que fit sur deux vieux employés du Temple, Bulot et Faugère, la description des bâtiments rasés depuis longtemps, et que le prince leur reconstruisit avec les moindres détails.

» Malgré tous ces obstacles, continue le prince, ma mère correspondait tous les jours avec ma tante. Voilà pourquoi j'ai fait imprimer cette question adressée à M^me la duchesse d'Angoulême : « Que » faisait notre mère tous les matins avant de se lever, » pour donner de ses nouvelles à notre bonne tante ? »

» Si ma sœur n'a pas répondu qu'elle a été convaincue de mon identité par cette seule question, c'est qu'elle vit au milieu d'un cercle d'intrigants intéressés à lui dérober l'éclat de la lumière. Eh bien ! je vais prendre son rôle et tout dire pour elle. Ma mère, dans la matinée, *écrivait dans son lit à ma tante*, toutes ses correspondances, soit pour le dehors, soit pour d'autres amis, car elle écrivait beaucoup. Mes ennemis politiques ne manqueront pas de dire que cela ne se peut pas, attendu que les municipaux étaient là jour et nuit. Cette objection est juste. Mais ma mère avait toute la prudence que réclamait sa position. Aussi n'ouvrait-elle jamais sa porte avant l'arrivée de Cléry, ce qui avait lieu seulement à huit heures du matin. J'ai demandé aussi à ma sœur qui était le porteur de ces nouvelles. Même silence par les mêmes causes. Je vais y suppléer.

» Ma bonne mère cachait ce qu'elle écrivait le matin avant d'ouvrir, car les municipaux entraient avec Cléry et fouillaient souvent. J'ai également demandé à ma sœur : Où cachait-elle son écriture ? Point de réponse.

» Eh bien ! je vais le dire hautement.

» *C'était sur son fils*. C'était sur moi que la reine, ma mère, cachait les lettres qu'elle écrivait ; c'était moi qui servait de facteur, lorsque le fidèle Cléry ne le pouvait pas. Cléry, fidèle à ma mère et à ma tante, à ces deux grandes âmes qui ne sortiront jamais de mes souvenirs ! J'ai demandé également à ma sœur : où et comment faisions-nous échanger nos dépêches ? C'était dans le cabinet près de la demi-tourelle, à gauche, au coin de la chambre où était la garde-robe, et où notre bonne tante m'amenait elle-même souvent, sous prétexte de besoin. C'était pour recevoir de moi ce que ma bonne mère avait caché sur moi.

» Vous savez, M^me la duchesse d'Angoulême, que notre bonne mère était forcée d'agir ainsi, lorsqu'elle était entourée de pareilles gens que ceux qui vous trahissent aujourd'hui. Hélas! dans les temps de la communauté de nos malheurs, j'avais au moins une consolation, car vous étiez alors ma bonne et tendre sœur. Mais aujourd'hui!!!... Pardonne-moi, lecteur, le cœur humain n'est pas toujours le maître de se taire, lorsque les assassins moraux viennent le déchirer. La nature de l'homme est trop faible pour pouvoir soustraire les cœurs souffrants aux palpitations affreuses. Ce n'est pas ma sœur qui assassine, ce sont ceux qui l'entourent. Nous les verrons, car ils seront nommés dans le cours du procès (1).

» Sans secours, sans espérances, sans amis, je fus plus malheureux après l'éloignement de Simon et de sa femme qui déjà *avaient commencé à me traiter moins brutalement* (2).

» Je fus enfermé seul dans la chambre autrefois

---

(1) Celui qu'il intentait à la famille royale, en réclamation d'état, et pour la préparation duquel étaient publiés ces Mémoires.

(2) On a noirci à plaisir le caractère de Simon. M. Chantelauze a redressé l'erreur de M. de Beauchesne à cet égard.

occupée par Cléry. Comme je l'ai dit, cette chambre était alors transformée en prison. La porte qui communiquait à la salle à manger avait disparu, et on l'avait remplacée par une espèce de poële qu'on allumait par le petit recoin dont j'ai fait mention. Les fenêtres étaient tellement bien closes que je ne voyais pas clair. On avait fermé la porte de la tourelle qui s'ouvrait sur l'appartement de Cléry, et dans laquelle se trouvait la garde-robe ; ainsi on avait mis dans ma chambre une chaise percée dont l'odeur m'incommodait singulièrement de plus en plus.

» On a dit qu'on avait fait au travers de la seule porte qui fut disponible un tour pour y déposer mes aliments : cette assertion est inexacte. Il existait à là vérité un guichet, mais on ne l'ouvrait que pour s'assurer que j'étais encore là. La porte dans laquelle était ce guichet servait autrefois d'entrée à la chambre de mon père, et c'est par là qu'entraient nos geôliers pour m'apporter journellement deux fois ma nourriture. Depuis cette translation, ce n'étaient plus des voix humaines que j'entendais, c'étaient des hurlements de bêtes farouches, qui me criaient presque à chaque instant : « Capet, louveteau, race de vipère, viens que je te voie ! » Pendant la nuit même, et à peine étais-je endormi, un nouveau cerbère ouvrait le

guichet et me forçait de paraître devant lui. Fatigué
de ces tourments, je résolus de me faire tuer plutôt
que de répondre.

» Le contenu de ma prison était moi, mon lit, une
chaise, une table de bois carrée et oblongue, au-dessous une cruche d'eau et un bois de lit seulement qui
servait à Cléry. Dans ce déplorable état, personne ne
songeait à me fournir du linge ni d'autres vêtements,
et bientôt rongé par la vermine et par l'infection de
ma prison, je tombai réellement malade. Mes geôliers
et deux municipaux entrèrent avec d'autres personnes
que je ne connais pas et que j'ai pensé être des médecins, car ils m'interrogèrent, me prièrent de leur parler
et de leur dire ce que je désirais. Je ne leur fis point
de réponse; j'avais bien des raisons de garder le
silence; et ces raisons, j'ai des motifs de ne pas les
faire connaître ici. Tout enfant que j'étais, j'avais le
sentiment de mes souffrances, plus fort peut-être que
n'auraient pu l'avoir des personnes plus âgées que
moi. Aussi ma langue était comme paralysée, lorsque
je voyais quelqu'un des êtres préposés à ma garde. On
m'envoya enfin un garde-malade qui, en se présentant
chez moi, accompagné de plusieurs municipaux, me
questionna beaucoup. Je le traitai comme les autres et
ne lui répondis pas. Mais bientôt celui-là me fit net-

toyer par une femme qui m'est inconnue ; ce qui me procura de grands soulagements. On me donna du linge et un habit grisâtre ; mon lit fut arrangé et fourni de linge blanc ; ma chambre fut purifiée, et les punaises qui me tourmentaient considérablement furent détruites ; enfin, pour me donner de la lumière, on enleva un abat-jour qui l'obstruait »·

Je crois qu'il suffit de ces courts extraits pour juger les Mémoires du prince. On a dit : « Le style, c'est l'homme même ». Je crois que cette parole est vraie surtout de l'homme qui raconte son histoire, ses impressions ; et il suffit d'analyser son œuvre pour voir s'il est sincère et si ce qu'il nous raconte est la vérité.

Dans ces Mémoires, comme dans les lettres que j'ai citées, on trouve un tel sentiment de conviction sincère qu'on ne peut douter que celui qui les a écrits n'ait assisté aux événements qu'il raconte. Ce que j'ai dit des lettres on peut le dire ici ; je ne le répéterai pas.

J'ajouterai une circonstance qui m'a particulièrement frappé. Dans la première partie de sa narration, le prince me paraît d'un caractère différent que dans la seconde. Sans doute, dans chacune il raconte les événements avec la même fermeté et la même précision ; mais tant qu'il demeure auprès de ses parents,

on dirait qu'il se soucie moins de l'avenir et des événements qu'il traverse. Il les raconte je dirai avec la
legèreté de la première enfance, qui, encore ignorante
des malheurs de la vie, ne sait pas s'affliger même
quand elle en est accablée. Alors que le malheureux
Dauphin s'épouvantait des faits qui s'accomplissaient
autour de lui, il avait encore des bras où se réfugier,
un regard ami qui le consolait et il se voyait protégé
par l'égide toute-puissante de son père et de sa « bonne
mère ».

Ceci me rappelle un souvenir personnel. C'était un
soir du mois de janvier ; je voyageais à pied avec
quelques parents et la nuit était bien sombre. Il y
avait là une petite fille d'une douzaine d'années, et
elle avait peur des ténèbres. Elle courait vite se réfugier auprès de son père. Je lui demandai pourquoi elle
ne voulait pas rester avec moi : « Oh ! avec vous me
répondit-elle, j'ai peur ; tandis qu'auprès de papa je ne
crains plus rien ». Un père, une mère, n'est-ce pas
pour les enfants un rempart inexpugnable ?

Aussi, quand le petit prisonnier du Temple fut
séparé des auteurs de ses jours, il fut bien effrayé par
les événements qui ne l'épouvantaient guère auparavant. A quelles tortures, à quelles frayeurs ne fut-il
pas livré dans la longue solitude où il fut abandonné,

au milieu des êtres farouches qui lui apparaissaient de temps à autre comme de noirs fantômes ou des furies affreuses.

Tout cela revit dans le récit du prince. Dans la seconde partie des Mémoires cités précédemment, on voit qu'il dut souffrir bien plus amèrement que dans les commencements de sa captivité. Les cris de douleur s'y pressent, intimes, profonds et pénétrants ; on y ressent toutes les pleurs de son âme et les mille frayeurs dont il fut assiégé.

Tel n'aurait point été le récit d'un imposteur ; on n'y surprendrait point toutes ces petites nuances, indice certain de la vérité.

MM. les rédacteurs de *la Légitimité* prouvent la thèse de l'évasion et de l'identité en dehors de la parole du prince ; et il faut savoir gré de leur modération et de leur circonspection. Les preuves qu'ils donnent ainsi sont éclatantes de vérité, et il n'y a que ceux qui fuient la lumière qui ne sont point convaincus par la savante dissertation d'Osmond.

Mais je crois qu'on peut aller plus loin. Dans un procès ne compte-t-on pour rien la parole de celui qui est en cause ? On l'examine, et si elle a tous les caractères de la vérité on l'accepte pour telle.

Ainsi en est-il des récits du prétendu Nauendorff. Il

est impossible d'admettre qu'un horloger prussien, dont la fortune était plus que médiocre, dont la connaissance de la langue française était loin d'être parfaite, il est impossible d'admettre qu'un tel homme, dans ces conditions, ait pu apprendre d'une manière imperturbable tout ce qui avait été écrit sur le Dauphin.

Il faut remarquer que les moyens de publication étaient loin d'être aussi faciles qu'à notre époque, que les livres, surtout les livres historiques, étaient peu nombreux et peu répandus encore ; il faut remarquer surtout qu'il devait être bien difficile à un pauvre horloger habitant une petite ville de la Prusse, de se procurer les ouvrages publiés en France ou à Londres sur le Dauphin.

C'est là une difficulté matérielle ; et quand même elle aurait été surmontée, il en restait une autre : comment Nauendorff aurait-il appris ces ouvrages, puisqu'il est constaté qu'à son entrée en France il parlait très mal le français (1).

Autre considération. Si le prince rapporte quelques faits, quelques souvenirs qui avaient été publiés à

---

(1) Et pourtant il ne varia jamais dans sa manière de raconter les faits. Dans les lettres qui précèdent son entrée en France, dès les premiers jours de son arrivée dans sa patrie, et depuis, il fut toujours le même, il ne varia jamais. La vérité seule est stable !

cette époque, il en rapporte beaucoup d'autres et *de très importants* qui ne l'avaient pas été. Un grand nombre ont été confirmés depuis, soit par des témoignages directs, soit par des Mémoires encore inédits et inconnus en 1836.

Il y a plus. Sur certains points, le prince s'est insurgé contre l'histoire de son temps, contre les historiens les plus renommés de son époque, et depuis, l'histoire mieux renseignée lui a donné raison.

Tout cela est-il le fait d'un imposteur ?

Aussi, je n'hésite pas à le dire, d'après ses écrits il appert clairement que Nauendorff était Louis XVII, et la duchesse d'Angoulême dut, en les lisant, en ressentir l'impression, comme en lisant les lettres qu'elle en avait reçues.

# CHAPITRE X



Le Prince, nous l'avons vu, a souvent écrit à sa
sœur. Mais une lettre peut ne pas parvenir à son
adresse. Ce n'est pas ici le cas, puisque nous savons
que la duchesse d'Angoulême a reçu plusieurs des lettres de son frère, sinon toutes. Mais il ne voulut laisser
aucune place au doute, en lui envoyant un commissaire spécialement chargé d'insister auprès de M^{me} la
Dauphine pour obtenir une entrevue. C'était en 1834.

Jules Favre, dans la reprise de l'audience du 7 février 1874, a fait le récit de cette mission et l'a magis-
tralement appréciée. Voici ce qu'il a dit :

« Après la reconnaissance du Prince par les principaux serviteurs de Louis XVI et de Marie-Antoinette,
il se forma autour de lui un groupe d'amis dévoués
qui l'aidèrent de leur bourse et de leurs conseils...

» Ses conseillers furent bientôt unanimement d'avis
qu'avant tout il était indispensable de savoir pour

quelles raisons M^me la Dauphine croyait devoir garder le silence.

» Il fut, en conséquence, convenu qu'on enverrait auprès d'elle une personne respectable : on ne pouvait en rencontrer une qui remplît mieux les conditions nécessaires que le comte Morel de Saint-Didier.

» Il appartenait à une vieille famille française : sa mère avait vécu dans l'intimité de la reine et des princesses ; elle avait été connue de M^me Royale ; elle existait encore au moment de la Restauration, où elle reprit ses habitudes à la cour.

» M. Morel de Saint-Didier était donc connu de M^me la Dauphine par ses aïeux et par ses parents.

» Il fut chargé d'exprimer à la princesse la situation des choses en France, et de solliciter d'elle une entrevue.

» Il fit deux voyages à Prague : l'un le 1^er janvier 1834, le second en août de la même année.

» Il a laissé deux procès-verbaux circonstanciés de ces entrevues, qui ne sont pas les pièces les moins intéressantes de ce procès.

» Je ne les mettrai pas en entier sous vos yeux, mais j'y ferai quelques emprunts indispensables ; nous allons y voir se dessiner les prétentions adverses.

» Dans la seconde entrevue, notamment, nous

verrons M^me la Dauphine prendre une attitude plus agressive, refuser toute entrevue et déclarer qu'elle est en face d'un intrigant.

» Nous aurons à savoir comment elle a été conduite à ce parti et par quels motifs.

» M. Morel de Saint-Didier partit pour Prague en janvier 1834, et voici comment il rendit compte au prince de son voyage :

« Introduit chez Madame, après avoir attendu
» quelques instants dans la salle de service, je trouvai
» auprès de Son Altesse Royale M. le marquis de
» Vibraye.

» L'auguste princesse me reçut avec une politesse
» exquise. Assise sur un sopha, Madame avait daigné
» se lever et me faire l'honneur de s'avancer jusqu'au
» milieu de son salon. — « Bonjour, M. de Saint-
» Didier, me dit Son Altesse Royale avec une bonté
» qui n'avait rien d'étudié; voilà M. de Vibraye,
» un de mes anciens officiers, je serai fort aise qu'il
» assiste à notre conférence.

» — Madame ne peut rien faire de plus heureux
» pour moi, répondis-je aussitôt et d'un air satisfait ».

» Lorsque l'auguste princesse nous eut permis de nous asseoir, Madame ouvrit immédiatement la conversation sur l'objet de l'audience accordée. Ses

premières paroles firent sur moi l'effet de la tête de
Méduse. « Eh bien ! M. de Saint-Didier, me dit la
» princesse, vous venez pour l'entrevue demandée,
» mais j'ai déjà répondu par un refus positif; ce refus
» est parti le 16 décembre. »

» Je restai atterré, car ces mots me laissaient sans
» mission. Néanmoins je ne me laissai point abattre ;
» je recueillis mes esprits. Je sentis le besoin de la
» fermeté : je la plaçai entre mon respect pour
» *Madame* et mes devoirs comme commissaire du
» Prince.

» *La déclaration de Son Altesse royale me glace d'ef-*
» *froi, dis-je aussitôt avec un profond sentiment de peine ;*
» *elle me brise le cœur. Comment est-il possible que la*
» *haute sagesse de Madame ait pu s'arrêter à un refus*
» *décisif et si prompt, lorsque Son Altesse Royale* N'A PRIS
» CONNAISSANCE ENCORE D'AUCUN DOCUMENT OFFICIEL,
» N'A RIEN VU, RIEN ENTENDU, *des détails qui doivent*
» *nécessairement* DÉCIDER *Madame à suspendre un*
» *refus prématuré?*

» Mais *comment voulez-vous que je fasse,* M. de
» Saint-Didier ? reprit la princesse ; *mon refus est*
» *envoyé, je ne puis pas revenir sur mes pas, tout cela est*
» *très difficile* ».

» J'insistai en suppliant Madame de daigner m'é-

» couter. J’annonçai que j’étais porteur de dépêches
» importantes, que Son Altesse Royale y trouverait
» des preuves déterminantes pour accorder l’entrevue
» sollicitée. *Madame* parut m’autoriser par son silence
» à quelques développements ; je profitai de sa bonté.

» J’eus l’honneur alors d’informer Son Altesse
» Royale que j’étais instruit de la correspondance de
» *Madame* la duchesse de Montmorency ; que Son
» Altesse Royale savait conséquemment ce qui se
» passait à Paris. *Madame* me répondit qu’effective-
» ment on lui avait marqué beaucoup de choses.

» J’exposai à la princesse de quelle manière j’avais
» connu le personnage qui se déclare son frère ; je lui
» parlai de l’impression si vive qu’il avait faite sur moi.
» J’ajoutai avec vérité que tous ceux qui l’abordaient
» ne pouvaient échapper à une semblable impression.
» Sa ressemblance avec les auteurs de sa vie, sa dignité
» naturelle, l’accent de vérité qui frappait dans cha-
» cune de ses paroles ; tout en lui était tellement
» persuasif et complet, qu’il suffisait de le voir, de
» l’entendre, de le fréquenter, pour être entièrement
» convaincu de la vérité de ses prétentions. Je dérou-
» lai, en un mot, à *Madame,* tous les détails de ma
» conduite dans cette affaire. Son Altesse Royale
» parut loin de m’improuver ; il devait être ainsi

» puisque j'avais suivi une ligne de fidélité et d'hon-
» neur ; d'autres que moi auraient dû en faire autant.

» J'eus l'honneur de présenter à *Madame* le portrait
» si ressemblant du Prince. *Madame* le considéra
» attentivement.

» — Je ne trouve pas, dit son Altesse Royale, de
» ressemblance avec ma famille. Cependant, *on m'a*
» *mandé* que le peintre qui a chez lui *un portrait*
» *de ma mère*, qu'on dit très remarquable, *y a trouvé*
» *une grande ressemblance avec ce personnage ;* C'EST
» POSSIBLE ». Et la princesse mit avec soin ce por-
» trait dans le tiroir d'une petite table-bureau qui était
» devant elle.

» Après avoir écouté les détails propres à justifier
» les prétentions du Prétendant, *Madame* reprit ainsi
» la parole : On doit penser combien je serais heu-
» reuse de retrouver mon frère, mais je le crois
» malheureusement mort ; je pourrais même ajouter
» qu'il est mort, pour ainsi dire, sous mes yeux ; du
» moins, l'enfant qui habitait *sous ma chambre*, au
» Temple, et que je savais être mon frère, est mort
» là..., *à moins qu'il n'y ait eu une substitution, ce que*
» *j'ignore* ». Je répondis que c'était effectivement ce
» qui avait eu lieu ; que très peu de personnes en
» France doutaient de la délivrance du Dauphin ;

» qu'on ignorait s'il vivait encore, mais qu'il paraissait
» certain qu'il n'était pas mort au Temple. Silence de
» Madame.

» J'entrai dans les détails relatifs au mariage du
» Prince et au nombre de ses enfants ; je m'expliquai
» sur sa volonté de faire cession de ses droits au
» trône à M. le duc de Bordeaux : « Car, disait-il,
» étant le principe de la légitimité, moi seul je peux
» la transmettre. — *Il a raison*, repartit Madame ;
» mais, Monsieur, *il est marié... et ses enfants ?* »
» ajouta avec dignité la princesse. J'eus l'honneur de
» déclarer à Madame, d'après mes ordres, que l'inten-
» tion du Prétendant était de régler les choses de
» manière que ses enfants n'eussent jamais le malheur
» de monter au trône. J'entrai à cet égard dans de
» longs détails.

» J'eus l'honneur d'entretenir Madame de ce qui
» s'était passé lors de la reconnaissance du Prince par
» *Martin*... Quant à *Martin*, interrompit son Altesse
» Royale, je n'y crois pas du tout.

» M. le marquis de Vibraye, qui jusque-là était
» resté silencieux, demanda à Madame la permission
» de faire une observation. « Mais, Monsieur, dit-il,
» on assure que *Martin* a déjà reconnu plusieurs
» fois Louis XVII. — Non, M. le Marquis,

» repris-je avec quelque vivacité ; le fait est entière-
» ment faux ; *cette inculpation est une odieuse calomnie.*
» Le personnage qui est à Paris est le seul en qui
» *Martin* ait jamais reconnu le véritable fils de
» Louis XVI. — « Enfin, Monsieur, continua M. de
» Vibraye, comment vit-il à Paris ? — *Mais il vit*
» *des secours de ses pauvres* », répondit *Madame* avec
» l'accent d'une sensibilité touchante qui ressemblait
» à de l'émotion.

» J'attachais beaucoup d'intérêt à obtenir de l'au-
» guste princesse qu'elle lût mes dépêches en ma
» présence. J'en exprimai le désir, l'appuyant sur
» l'ordre que j'avais de quitter Prague très prompte-
» ment pour rentrer à Paris. Soit un plan de conduite
» arrêté d'avance, soit la nuit presque arrivée qui
» nous trouvait sans bougie, Son Altesse Royale me
» répondit, après quelques instants de réflexion :
» Eh bien ! je consens à revoir cette affaire. Le jour
» tombe, il est tard : mais je vous promets de lire
» avec beaucoup d'attention tout ce que vous m'ap-
» portez ; je vous donnerai ensuite ma réponse sur
» l'entrevue que demande le Prétendant. Mais cette
» affaire est *trop grave* pour être examinée légèrement ;
» elle est *trop importante* pour que je n'aie pas besoin
» d'y consacrer quelques jours ; il me faut au moins

» une huitaine. Faites un petit voyage ; visitez les
» environs, et à votre retour je vous reverrai. Mais si
» vous devez essentiellement vous renfermer dans vos
» ordres et repartir tout de suite, vous comprenez
» qu'il m'est impossible de vous donner une réponse.
» — Le premier de mes ordres est de suivre ceux de
» Madame ; j'aurai l'honneur de les attendre, répon-
» dis-je en m'inclinant. — D'ailleurs, ajouta Ma-
» dame, je vous préviens qu'il faut absolument que
» je parle de tout cela *au roi et à M. le Dauphin ;*
» parce que je ne fais rien sans le leur communiquer
» et sans leur consentement ». Je m'inclinai de nou-
» veau. Son Altesse Royale leva l'audience. Je me
» retirai. »

« Comme on le voit, M^me la duchesse d'Angoulême
ne parut pas se retrancher d'une manière absolue
derrière l'acte de décès de 1795, comme preuve de la
mort de son frère ; mais elle déclara que, ne voulant
pas être prise pour dupe, elle voulait des preuves.

» Peu de jours s'étaient écoulés depuis cet entretien,
lorsque M^me la duchesse d'Angoulême fit de nouveau
mander M. Morel de Saint-Didier. Ce dernier trouva
auprès d'elle M. de Vibraye, qui avait déjà assisté à
la première entrevue. Écoutons encore la narration
rédigée par M. de Saint-Didier :

» ..... Je trouvai auprès de la princesse le même
» gentilhomme qui avait assisté à notre première
» conférence.

» *Madame*, prenant la parole : « Eh bien ! M. de
» Saint-Didier, j'ai lu attentivement tout ce que
» vous m'avez remis ; je n'ai rien trouvé qui puisse
» me déterminer à accorder cette entrevue. *Si quelque*
» *chose pouvait arrêter mon attention, c'est la lettre de*
» M^{me} de Rambaud, *parce que je me rappelle qu'elle était*
» *effectivement femme de chambre de mon frère.* MAIS
» TOUT CELA N'EST RIEN ».

» J'insistai non-seulement sur l'importance du
» témoignage de M^{me} de Rambaud, mais particulière-
» ment sur divers détails fournis par le Prétendant à Son
» Altesse Royale, *et qui ne pouvaient être connus que de*
» Madame *et de son frère.* La princesse parut compren-
» dre cette insistance de ma part, car Son Altesse
» Royale me répondit : « Oui, je conçois, mais tout
» cela n'est pas *encore suffisant.* Il me faut d'autres
» preuves pour accorder l'entrevue ».

» Je pris la liberté de persévérer par des raisonne-
» ments qu'il serait trop long de reproduire. « Eh
» bien ! M. de Saint-Didier, repartit *Madame*, je
» vous promets que j'examinerai tout cela de nou-
» veau. Mais dites-lui qu'il m'envoie par un exprès

» de sa confiance et sous cachet *tout ce qu'il ne veut me
» dire que de vive voix ;* alors je prendrai une détermi-
» nation sur sa demande d'une entrevue. Mais si je
» l'accorde, prévenez-le qu'elle n'aura lieu qu'en pré-
» sence de témoins. *Surtout, dites-lui qu'il me donne
» tous les détails relatifs à sa sortie du Temple ; voilà ce
» qui m'est essentiel, et j'insiste particulièrement sur ce
» point* ».

» Je luttai vainement pour obtenir l'entrevue ;
» *Madame* resta inébranlable. Cette décision aussi
» malheureuse qu'imprudente me causa un chagrin
» sensible. Elle devait nécessairement compromettre
» plus tard *Madame ;* je le démontrai à Son Altesse
» Royale, mais j'eus la douleur de ne pas être écouté.

» L'événement a justifié ma prévision, car les *per-
» sonnes qui ont eu connaissance des détails fournis par le
» Prétendant à Madame n'ont pas pu comprendre que Son
» Altesse Royale ait chargé sa responsabilité morale* D'UN
» REFUS AUSSI PUISSAMMENT ACCUSATEUR. En effet, les
» détails dont il s'agit sont d'une nature telle, ils se
» rattachent à des probabilités si voisines de la
» certitude à tous les yeux, que chacun s'est écrié :
» « IL EST IMPOSSIBLE QUE, SUR DE SEMBLABLES
» DONNÉES, *Madame refuse une entrevue, au moins pour*

» *voir ce personnage, et entendre de lui-même ce qu'il a*
» *encore à révéler à Son Altesse Royale* ».

» Mon vieux dévouement aux Bourbons, et parti-
» culièrement à *Madame,* me rendait bien doulou-
» reuses les dispositions peu prudentes de Son Altesse
» Royale.

» La princesse me fit observer qu'elle ne concevait
» point *quel intérêt avait eu le roi de Prusse à persécuter*
» *le fils de Louis XVI.* J'eus l'honneur de répondre à
» Madame que là s'ouvrait la question politique ; que
» pour l'instant je n'étais autorisé à traiter qu'une
» question de famille, entièrement en dehors de toutes
» contestations d'Etat ; que mes instructions étant
» entièrement muettes à cet égard, j'étais forcé de
» rester dans le regret de ne pouvoir suivre la confé-
» rence sur ce plan de discussion. Je me bornai à
» chercher par tous les moyens compatibles avec la
» conscience et l'honneur à engager Madame dans
» une voie où elle rencontrerait nécessairement la
» vérité dans toute son exactitude...

» Madame daigna me promettre de faire prendre
» de nouvelles informations. Voilà tout ce que je pus
» obtenir, et j'eus l'honneur de prendre congé de
» Madame. Son Altesse Royale daigna me dire, en
» recevant mes respectueux adieux : « Allons, M. de

» Saint-Didier, je suis enchantée de vous avoir vu
» ici et de vous avoir connu ». Un semblable témoi-
» gnage de bonté doit laisser espérer que l'auguste
» princesse n'a été mécontente ni de la mission, ni
» de la manière dont elle a été remplie..... Nous
» étions au 19 janvier..... »

» Certes, Messieurs, je n'ai pas besoin de faire remarquer à la Cour le ton de sincérité de ce document. On
y reconnaît le rang de son rédacteur. Les respects
qu'il témoigne à la Dauphine n'ont rien d'affecté, et
le jugement qu'il porte sur cette princesse est des plus
justes.

» La Cour aura remarqué aussi que tout en restant
dans la réserve la plus grande et en repoussant la proposition faite, la duchesse d'Angoulême ne laisse
cependant pas perdre tout espoir à son interlocuteur.
Elle lui annonce qu'elle reverra les documents qu'il
apporte. Elle indique les points précis sur lesquels elle
exige des explications.

» M. Morel de Saint-Didier retourne en France plein
d'espoir.

» Les négociations n'étaient pas rompues.

» En août 1834, M. de Saint-Didier se dirige de
nouveau vers Prague. Cette fois, il n'était pas seul.

» Mais les dispositions de M<sup>me</sup> la Dauphine sont singulièrement changées, et rien ne prouvera davantage la franchise des déclarations de M. de Saint-Didier que le ton même de la dépêche que je vais faire connaître à la Cour.

» Cette fois-ci, je le répète, tout est changé. Il ne s'agit plus de simple fin de non-recevoir, mais d'un refus absolu.

» Ce ne sont plus des demi-espérances ; ce sont des déclarations après lesquelles il n'est ni convenable ni permis d'en avoir.

» La duchesse, s'exprimant avec rigueur, dit que Nauendorff est un intrigant et traite avec la dernière sévérité celui dont M. Morel de Saint-Didier s'est fait l'ambassadeur.

» Voici le rapport de M. de Saint-Didier :

» ..... A quatre heures, j'étais chez Madame. Cette
» fois, point de témoins. Son Altesse Royale était
» seule.

» — Ah ! bonjour, M. de Saint-Didier, vous
» voilà donc de retour dans ce pays-ci ? On m'a
» dit que vous vouliez me voir : *de quoi s'agit-il ?* »

» Tout cela me fut dit avec un ton de politesse
» froide que Madame avait bien voulu m'épargner à
» mon premier voyage.

» J'exposai l'objet de ma nouvelle mission. J'eus

» l'honneur de remettre mes dépêches à Madame, et
» particulièrement une lettre autographe du Prince.
» Je déclarai, comme j'en avais l'ordre, que j'en
» ignorais entièrement le contenu, ce qui était exac-
» tement vrai.

» *Madame,* cette fois, *ne parut n'attacher aucun prix*
» aux dépêches que j'avais l'honneur de lui présenter.
» *Son Altesse Royale me dit* cependant qu'elle en pren-
» drait connaissance, *et qu'elle me donnerait sa réponse*
» *définitive dans le courant de la semaine suivante : c'était*
» *le vendredi 8 août.*

» Lors de ma première mission, je n'avais désigné
» le Prince à *Madame* que sous la qualité du *Person-*
» *nage* ou du *Prétendant,* bien que cette réserve fût
» très pénible à ma conviction ; dans celle-ci je crus
» devoir employer continuellement dans le cours de
» l'audience le titre de Prince, car ma conscience,
» plus forte que toutes les considérations, m'en impo-
» sait le devoir rigoureux.

» *J'eus l'honneur de déclarer à Madame qu'il ne restait*
» *plus aujourd'hui l'ombre d'un doute sur l'identité du*
» *Prince,* chez aucun de ses amis, même chez ceux
» que la crainte puérile d'un ridicule empêchait d'en
» faire l'aveu tout haut.

» Je fus asssez malheureux pour que cette déclara-

» tion positive rendît la conférence très animée de la
» part de Son Altesse Royale. Je me préparai à l'orage
» avec calme, avec ce profond respect que m'inspire
» toujours la fille auguste de Louis XVI et de Marie-
» Antoinette ; mais je restai très décidé à défendre
» avec fermeté la cause sacrée du royal Orphelin, pour
» lequel l'abandon de l'univers n'est rien, *comparé à*
» *celui d'une sœur qui le repousse.*

» *Pour la première fois, Madame me déclara qu'elle*
» *savait très bien que son frère était mort, qu'elle en avait*
» *toutes les preuves.*

» Une déclaration si tardive s'accordait fort peu
» avec l'insistance de *Madame*, à mon premier voyage,
» pour recevoir du Prince, surtout, *les détails circons-*
» *tanciés de son évasion du Temple*. Elle n'était plus en
» harmonie avec l'attentif empressement qui avait
» semblé diriger Son Altesse Royale dans ses investi-
» gations primitives.

» J'eus l'honneur de rappeler à *Madame* les détails
» secrets que le Prince lui avait transmis ; j'ajoutai
» qu'ils me semblaient cependant de nature à rendre
» circonspecte toute opinion qui serait tentée de se
» déclarer d'une manière absolue pour la certitude de
» la mort. Je citai, par exemple, entre autres faits,
» celui que *Monseigneur* avait signalé à *Madame*, en

» ces termes : « Lorsqu'un jour, en quittant les Tui-
» leries en famille, nous montâmes en voiture pour
» en prendre bientôt une autre, quel est l'homme qui
» me porta dans ses bras pendant cet échange de voi-
» tures ? Certes, personne autre que votre frère ne
» peut vous répondre à cette question ». Cet homme
» était Louis XVI.

» — Bah ! Monsieur, me répondit la princesse,
» tout cela a été imprimé : il l'a lu dans les journaux
» français ou étrangers, ou dans quelque autre publi-
» cation ».

» Je me contentai de répondre à Son Altesse Royale
» que je n'avais jamais entendu dire à personne que
» de pareils détails eussent été publiés.

» Mais l'instant le plus affligeant pour moi a été
» celui où j'ai parlé de l'assassinat du Prince. « *Allons*
» *donc,* Monsieur, *l'assassinat ?....* » reprit aussitôt
» *Madame* en SOURIANT, comme ayant l'air d'en
» douter. Je ne pus que répondre : Hélas ! Madame,
» cet assassinat n'est que trop certain ; *et l'on n'assassine*
» *pas un imposteur ;* Madame, ce crime est inutile.

» — PARDONNEZ-MOI, Monsieur, » repartit
» *Madame.*

» Enfin, à travers le prisme trompeur d'un calme
» apparent, je voyais l'irritation se faire jour. Je fus

» bien douloureusement surpris, lorsque je la vis
» s'élever au point de m'entendre dire durement :
» M. de Saint-Didier, *cet homme n'est qu'un impos-*
» *teur, un intrigant, mais fort habile* ».

» Ce que je peux avoir l'honneur d'affirmer à *Madame*,
» repris-je avec l'accent d'un homme que le respect
» seul peut contraindre, c'est que rien, absolument
» rien de ce qui caractérise un imposteur, n'a jamais
» été aperçu chez le Prince, depuis le moment de son
» apparition parmi nous jusqu'à ce jour. J'en dirai de
» même de la qualification d'intrigant, Madame ; si
» elle lui était applicable, ses amis et moi-même,
» nous serions tous passibles de la même accusation.

» Ce que je dis là, M. de Saint-Didier, reprit
» vivement Son Altesse Royale, vous est entièrement
» étranger ; *je suis convaincue, et je sais que vous êtes le*
» *plus honnête homme du monde ; mais vous êtes dans une*
» *illusion que je ne partage pas* ».

» — Enfin, repartis-je, *Madame* daignera-t-elle me
» permettre de lui demander *quel si grand inconvénient*
» *Son Altesse Royale trouve à accorder une entrevue ?*
» — *Un très grand,* répondit avec force Madame, car
» *j'aurais l'air de le reconnaître* ». Je me réfugiai dans
» un respectueux silence ; je devais le faire, car il
» m'eût été trop pénible de m'expliquer sur le sens

» naturel que l'on donnerait à ces paroles impru-
» dentes.

» *Le Prince avait été exactement informé d'un* voyage
» mystérieux *que* le roi de Prusse *avait fait récemment*
» *à Dresde et à Pilnitz,* sous le voile du plus sévère
» incognito. Le secret fut si profond qu'il en fut un
» pour tout le monde ; *le Prince seul en fut instruit. Ce*
» *voyage était un rendez-vous avec* Madame ; mal com-
» pris, sans doute, ce monarque et la princesse se
» croisèrent. *Le roi de Prusse* ne trouvant plus
» *Madame,* ni à Dresde ni à Pilnitz, *repartit sur-le-*
» *champ pour Tœplitz ; il y rencontra Son Altesse Royale ;*
» *là, effectivement, eut lieu l'entrevue.*

» Lorsque j'eus l'honneur de donner ces détails à
» *Madame, sa surprise fut extrême.* Mais la haute raison
» de la princesse ne fit pas défaut : Son Altesse
» Royale céda à la nécessité *d'un noble aveu,* en me
» faisant l'honneur de me déclarer qu'il était vrai que
» ce souverain était venu à Pilnitz comptant l'y trou-
» ver ; que, ne l'ayant pas rencontrée, le roi de
» Prusse partit sur-le-champ pour Tœplitz, où, effec-
» tivement, elle avait eu une entrevue avec ce mo-
» narque ; qu'elle lui avait parlé de l'affaire du Prince,
» et que le roi lui avait répondu : « *J'ai eu en effet cet*
» *homme dans mes États ; c'est un fou, et c'est par consi-*

» *dération pour le dérangement de son cerveau qu'il a été*
» *traité avec beaucoup moins de rigueur dans le jugement*
» *prononcé contre lui* » (1).

» — Madame, ai-je répondu, il entre dans mes

(1) « Extrait d'un témoignage de M. Xavier Laprade, cité par le prince dans sa pétition aux Chambres du 21 janvier 1838 (enregistré à la Chambre des députés, sous le n° 365) :

» M. de Rochow me déclara en outre, *de la part du roi,* que les paroles attribuées au roi de Prusse par M^me la duchesse d'Angoulême (citées par elle à M. de Saint-Didier, et que j'avais rapportées dans un Mémoire pour avoir occasion de faire prononcer Sa Majesté à cet égard) étaient entièrement fausses ; qu'il *était bien vrai que la duchesse d'Angoulême avait beaucoup questionné le roi* ; que Sa Majesté avait pu lui parler des condamnations de Brandebourg, mais qu'*elle ne lui avait pas dit que c'était un fou....*

» J'affirme, sur l'honneur, la vérité de tous ces détails.

» Xavier Laprade, avocat ».

« D'ailleurs, Madame venait de dire elle-même : « Cet homme n'est » qu'un imposteur, un intrigant, mais *fort habile* ».

« La pauvre femme ne savait plus où donner de la tête ».

(*Légitimité,* t. III, p. 681).

Nos lecteurs peuvent se convaincre par ce passage combien la duchesse d'Angoulême était troublée des revendications de Nauendorff, puisque ce trouble lui fait demander une entrevue secrète au roi de Prusse pour savoir quel était cet homme. Ils peuvent aussi ajouter cette autre démarche de la duchesse d'Angoulême pour retrouver son frère à celles dont j'ai parlé ; et ils verront ainsi que nous ne donnons pas toutes les preuves que nous possédons, que nous ne donnons qu'un aperçu de la question, aperçu qui suffit cependant pour faire la conviction dans un esprit loyal et sincère.

» principes et dans mon éducation de croire que notre
» respect est dû à tous les rois ; et comme il s'agit ici
» d'une tête couronnée, je m'abstiendrai de qualifier
» un semblable langage. Mais j'ose supplier Madame
» de me permettre quelques instants de créer une
» hypothèse.

» Que Madame daigne donc admettre un moment
» qu'elle a reconnu son frère, qu'elle l'a retrouvé
» dans le Prince dont il est question. Cette hypothèse
» une fois admise, Son Altesse Royale daignerait-elle
» me dire quelle réponse, dans ce cas, elle réserverait
» au monarque prussien ?.... Madame resta silen-
» cieuse.

» Au reste, on le voit : plus le roi de Prusse et
» *Madame* descendent rapidement la pente de l'erreur
» cruelle où les entraîne la série d'intrigues qui les
» enchaînent, plus leurs efforts de résistance s'épuisent
» au profit de la vérité. Tout esprit droit et sensé, en
» effet, ne comprendra jamais comment LE FOU du roi
» de Prusse est précisément *cet intrigant* reconnu si
» HABILE par la princesse.

» Il me restait à subir une dernière douleur, car
» j'allais frapper dans ses affections les plus chères le
» cœur de l'infortunée sœur du Prince. Il m'a fallu
» toute la force d'une conviction entière profonde

» pour m'y déterminer. Mais la fidélité, le dévoue-
» ment et l'honneur m'en imposaient le pénible
» devoir ; j'ai dû le remplir. M'étant armé de fermeté,
» je repris ainsi la parole d'un ton grave :

» Mon respect pour *Madame* est une douce obliga-
» tion de ma conscience jamais disposée à l'oublier.
» Il est un besoin de mon cœur toujours prêt à y
» satisfaire. Son Altesse Royale daignera donc appré-
» cier et plaindre tout ce qu'il me faut de courage pour
» déchirer un cœur déjà brisé par tant de malheurs !...
» mais quelle que soit ma position douloureuse, mes
» ordres sont précis, ma fidélité à les suivre doit être
» complète.

» J'ai donc l'ordre péremptoire d'avoir l'honneur
» de déclarer, au nom du Prince, à *Madame,* que
» Monseigneur *a la certitude des deux faits suivants :*

. . . . . . . . . . . . . . . . .

. . . . . . . . . . . . . . . . .

» Il ne m'appartient pas de les révéler ici (1). C'est
» le secret du prince et de *Madame* ; je dois le taire.

---

(1) M. de Saint-Didier, ayant publié plus tard ces deux faits, nous
devons les reproduire ici. Il affirmait que le prince en était certain.

« 1° Que Louis XVIII laissa en mourant une espèce de déclaration
» testamentaire, portant injonction à son successeur de reconnaître
» hautement le Prince et de le mettre en possession du trône ; que
» cette déclaration fut soumise par Charles X à un conseil privé, très

» En suspendant mon récit, j'ajouterai que j'eus
» l'honneur d'informer Son Altesse Royale, d'après

» peu nombreux, pour avoir son opinion sur la conduite à suivre, que
» sur l'avis et d'après l'influence de ce conseil privé, Charles X lacéra
» de ses propres mains la pièce testamentaire, et jeta les morceaux
» dans le feu ;

» 2° Que le prince sait également que Mgr le duc d'Angoulême en-
» tretient depuis son exil une correspondance secrète avec M. Decazes ;
» que cette correspondance relative au prince et répulsive de ses droits
» lui est entièrement hostile.

» De plus, ajoutait-il, j'ai l'ordre d'informer Madame que le prince
» déclare avoir à sa disposition les preuves sans réplique des deux faits
» rapportés.

» Madame nia le fait de la correspondance, mais elle garda le silence
» sur le testament de Louis XVIII ». M. de la Barre fait à ce propos les
réflexions suivantes (*Branche aînée des Bourbons*, p. 269).

» Je ne puis me dispenser de faire ici une observation saillante et
que la raison doit admettre comme décisive, comme preuve morale
indestructible de la vérité que nous démontrons. Si une assertion aussi
péremptoire que celle articulée au sujet de Louis XVIII n'eût été
l'expression de la vérité, Madame se fût récriée avec indignation contre
l'affront sanglant de l'homme qualifié par elle un habile intrigant ;
surtout après avoir affirmé qu'elle savait très bien que son frère était
mort, qu'elle en avait toutes les preuves. Si elle eût été innocente, si
Charles X aussi l'eût été de l'infamie reprochée, elle devait, sans désem-
parer, communiquer les preuves au gentilhomme honorable qui, de son
côté, lui déclarait qu'il ne restait plus aux amis du prince l'ombre d'un
doute sur son identité. En se taisant, la fille de Louis XVI a laissé le
nom de ses deux oncles chargé d'un opprobre éternel. Elle a gardé le
silence !... Elle n'avait donc aucun moyen de les disculper... aucune
justification acceptable pour elle ! Cette conclusion est irrésistible.

» mes ordres, que le Prince affirmait avoir à sa
» disposition les preuves sans réplique des deux faits
» en question.

J'ajoute que le fait du testament de Louis XVIII, communiqué par le
prince en 1834, a reçu en justice, en 1837, une confirmation positive
de la part d'un personnage dont il ne soupçonnait pas l'existence et que
nous allons bientôt connaître. (M. Brémond, ancien secrétaire de
Louis XVI, dont nous avons rapporté une lettre à Madame).

» En outre personne ne croira que le roi de Prusse se soit hâté de
courir après la duchesse d'Angoulême uniquement pour lui dire que
son frère avait le cerveau dérangé. Le but réel de la démarche secrète de
Sa Majesté fut d'empêcher Madame d'accorder au prince l'entrevue qu'il
lui envoyait réclamer de nouveau par son premier commissaire, accompagné cette fois de M^me de Rambaud.

» J'ai sous les yeux un écrit de M. Marco Saint-Hilaire et j'y lis ces
paroles :

» Le roi de Prusse, assuré de l'existence du fils de Louis XVI, qui
» avait séjourné vingt ans dans ses États, où il avait essuyé tous les
» genres de persécution à l'instigation de Louis XVIII, craignant que
» M^me la Dauphine ne consentit à voir son frère, qu'elle aurait infailli-
» blement reconnu, se sera empressé de se rendre à Prague pour la pres-
» sentir sur les inconvénients qui résulteraient de cette reconnaissance,
» tant pour lui personnellement que pour les puissances qui, jusqu'à ce
» jour (1835), avaient eu intérêt à nier l'existence du prince. On a la
» certitude que dans l'intervalle des deux missions de M. Morel de
» Saint-Didier — envoyé à sa sœur par le prince pour qu'elle lui
» accordât une entrevue — il a fait le voyage de Berlin à Prague ».

« M^me Barrett, d'origine suisse, gouvernante des dames Perceval,
d'Angleterre, affirme la même chose ».

(Légitimité, t. III, n° 43).

» *Madame* m'écouta avec une anxiété visible et
» attentive. L'agitation de Son Altesse Royale était
» extrême. C'est en vain que la princesse cherchait à
» me présenter du calme, aucun effort ne put le rame-
» ner. Madame *nia l'un des faits ;* le silence de Son
» Altesse Royale oublia l'autre.

» Cette longue audience fut si pénible, j'avais vu
» la princesse tellement agitée, que je ne crus pas
» devoir parler en ce moment du voyage de
» M^me *de Rambaud*, encore moins demander une
» audience pour elle ; un refus me paraissait trop
» certain. Je pensai qu'il était convenable d'attendre
» le lendemain, pour laisser à la nuit le soin de calmer
» une irritation dont il m'était si douloureux d'avoir
» été la cause et le témoin. J'aimais à espérer que
» cette remise qu'indiquait la prudence aurait l'adhé-
» sion du Prince ; il m'approuva.

» Le lendemain, effectivement, je montai au
» Hradschin. J'eus l'honneur de voir M^me la vicom-
» tesse d'Agoult ; je lui annonçai que, par l'ordre du
» Prince, j'avais amené à Prague M^me de Rambaud
» qui devait confirmer de vive voix, à la princesse,
» *tout ce qu'elle avait eu l'honneur d'écrire à Son Altesse*
» *Royale.* Je priai M^me d'Agoult d'obtenir pour elle
» une audience de *Madame ;* je prétextai que cette

» audience n'avait pas été sollicitée plus tôt parce que
» M^me de Rambaud venait seulement de recevoir par
» le fourgon d'Eger sa caisse de toilette. M^me d'Agoult
» me promit avec sa bonté ordinaire de faire ce que
» je désirais ; et le jour suivant elle m'adressa un
» billet que j'ai eu l'honneur de transmettre au Prince,
» billet dans lequel se trouvait consigné le refus motivé
» de *Madame.*

» Aussitôt que j'eus pris connaissance de ce refus,
» j'annonçai à M^me de Rambaud que nous devions
» partir sur-le-champ. Mon départ immédiat était un
» devoir sacré, car je ne devais plus rester une heure
» auprès de *Madame,* puisque des influences irréflé-
» chies ou malveillantes avaient égaré sa faiblesse
» jusqu'à outrager en ma présence le Prince que
» j'avais l'honneur de représenter.

» ... Le refus d'audience de Madame fut suivi
» incontinent de *l'ordre signifié à M^me de Rambaud,*
» *par la commission de police, de quitter Prague aussitôt.*

» Nous montâmes en voiture et nous prîmes la
» route de Dresde, pour rejoindre Monseigneur ».

» C'est qu'en effet, Messieurs, quand je disais
tout à l'heure à la Cour que M. Morel de Saint-Didier
n'était pas parti seul, c'est à M^me de Rambaud que je
faisais allusion ; cette vénérable dame oubliant son

âge, les fatigues d'un long trajet et les déceptions qu'elle pouvait rencontrer, avait proposé au Prince d'accompagner M. de Saint-Didier jusqu'auprès de M<sup>me</sup> la Dauphine, pour chercher à la convaincre elle-même, par des preuves que la princesse ne pourrait récuser.

» Reçu comme il l'avait été, M. de Saint-Didier n'osa parler d'abord à la duchesse d'Angoulême du voyage de M<sup>me</sup> de Rambaud.

» Il fut plus tard trouver M<sup>me</sup> la vicomtesse d'Agoult, qui avait toujours été pour lui bienveillante et gracieuse, comme intermédiaire entre lui et M<sup>me</sup> la Dauphine.

» M<sup>me</sup> d'Agoult transmit à la duchesse d'Angoulême la demande faite au nom de M<sup>me</sup> de Rambaud, et voici l'inexplicable réponse que M. Morel de Saint-Didier reçut le lendemain de cette démarche, par cette note écrite de la main de M<sup>me</sup> d'Agoult, mais pas signée d'elle :

» *A Monsieur de Saint-Didier, Hôtel des Trois-Tilleuls,*
» *à Prague.*

» Je me suis acquittée, Monsieur, de votre com-
» mission. La réponse de M<sup>me</sup> la Dauphine est :

» Qu'elle a connu M<sup>me</sup> de Rambaud, qui était, il y
» a plus de quarante ans, femme de chambre de

» M. le Dauphin ; que ne pouvant supposer qu'une
» personne de son âge ait pu entreprendre un voyage
» si fatigant, elle n'a aucune raison de voir *la per-*
» *sonne de ce nom que vous avez amenée ici ;* qu'elle a lu
» tous les papiers que vous lui avez remis, et n'y a
» rien trouvé qui puisse lui faire changer d'opinion,
» non plus qu'à la résolution qu'elle a fait connaître,
» comme vous le savez (1).

 » Samedi 9 août ».

« En vérité, Messieurs, c'est à n'y pas y croire !
Qui donc peut être offensé par un pareil écrit, si ce
n'est celle qui l'a dicté ? N'est-il pas une insulte à la
vieillesse, au dévouement, aux souvenirs sacrés ?

» Quoi ! M^me de Rambaud, que M^me la Dauphine
connaît comme ayant été la femme de chambre et la
berceuse de son frère !...

» M^me de Rambaud, qui, arrivée à l'âge où elle est,
est venue de Paris en Autriche pour témoigner en
faveur d'un inconnu ; qui se trompe peut-être, égarée
par une illusion !...

» M^me de Rambaud est ainsi éconduite comme un
vil imposteur ! car on ne craint pas de faire entendre
qu'elle joue un rôle qu'on lui a soufflé.

(1) Le docteur de Carro, médecin de Madame, raconte les mêmes
choses dans son livre : *Mes relations avec Louis XVII.*

» Et il n'y a qu'un motif d'invoqué dans cette épître : c'est son âge, qui ne lui permet pas de venir de Paris à Prague !... C'est-à-dire que M^{me} la duchesse d'Angoulême suppose que, parce que M^{me} de Rambaud est arrivée à ce terme avancé de sa vie, son cœur s'est desséché !

» Ah ! Messieurs, laissez-moi protester contre une pareille injure !

» Elle n'était pas, j'en suis sûr, dans la pensée de celle qui accueillait ainsi M^{me} de Rambaud, et cette fois encore je reconnais l'empreinte odieuse de cette loi d'Etat, de cette politique sans entrailles dont les arrêts ont dicté la plupart des faits historiques, qui triomphe ici si cruellement.

» Quoi ! M^{me} de Rambaud est éconduite parce qu'elle est âgée ! Et, à cause de cet âge, elle ne doit plus sentir la nécessité de se prodiguer pour ses anciens maîtres et de leur témoigner son dévouement !

» Ah ! ceux qui croient que la vieillesse est égoïste la calomnient ! S'il y a des vieillards égoïstes, ce sont des égoïstes qui ont vieilli.

» Dieu a mis dans notre cœur un sens immatériel qui survit à la décrépitude de notre être physique ; il est l'honneur, le privilège et la joie de nos dernières années.

» Et laissez-moi vous le dire, ces dévouements des dernières années, non-seulement ne sont pas rares, mais encore ils ont tant de fois honoré l'histoire de l'humanité qu'on ne pourrait les compter.

» Quant à moi, je n'ai qu'à me souvenir d'un fait d'hier.

» Il s'agissait ici, non pas de la réclamation d'un prince, mais de la requête d'un grand pays à porter à toutes les chancelleries de l'Europe.

» Ceux qui avaient le douloureux honneur de servir leur patrie dans cette tourmente, jetèrent des yeux inquiets autour d'eux, pour trouver celui qui aurait la force de se charger de cette rude tâche.

» Leurs regards s'arrêtèrent sur un homme bien plus âgé que n'était M^{me} de Rambaud en 1834, mais dont le cœur généreux était un ardent foyer de patriotisme et capable d'accomplir des actes devant lesquels auraient reculé des hommes dans la force de l'âge.

» Et quand on le fut trouver, on lui dit : « Il y a des périls à braver... Assurément votre santé, votre repos nous sont chers, car nous vous aimons autant que nous vous vénérons... mais vous n'êtes pas le maître de ne pas les sacrifier !... »

» Il comprit ce langage ! En Angleterre, en Autriche, en Russie, il fut le messager glorieux de la

France à demi vaincue... Et déjà il fit pressentir ce qu'il ferait plus tard pour la réorganiser.

» Je le demande, Messieurs, à vos consciences : Si M. Gladstone, M. de Beust et M. de Gortschakoff avaient fait répondre par un secrétaire à M. Thiers : « Vous êtes trop âgé pour qu'il soit présumable que vous ayez entrepris un pareil voyage ! » la diplomatie eût été déshonorée devant ses contemporains comme devant l'histoire.

» Il paraît que les souverains peuvent accepter, pour la défense de leur pouvoir, des extrémités devant lesquelles les cabinets de l'Europe reculent.

» Il n'y a pas dans la cause que je plaide une preuve morale qui soit plus forte que celle que j'invoque.

» Vous ne voulez pas voir un intrigant ? Je l'approuve ! Mais la femme qui a présidé à vos premières années, dont vous avez admiré la jeunesse, la beauté, le sourire dans ces jours fortunés, qui ont été si rapides et suivis de catastrophes si lamentables ; celle dont la seule vue vous rappelle votre père vénéré, votre mère trois fois bénie ; et ce frère que vous pleurez parce que vous le croyez mort dans sa prison !... cette femme, vous la mettez à la porte !... vous ne la voulez pas recevoir !...

» C'est-à-dire que vous la redoutez !.., vous ne voulez pas subir sa confrontation ! vous l'avez pris à votre aise, avec M. de Saint-Didier ! Mais vis-à-vis M^{me} de Rambaud, vous seriez dans la nécessité d'entendre le cri de la vérité et d'écouter votre conscience !... Et comme vous ne le voulez pas, comme vous ne voulez pas rougir devant la vénérable dame, vous l'éconduisez... et avec des détails que l'enquête, que la Cour ordonnera, viendra révéler. Nous les connaissons, ces détails ; mais je ne puis pas tout dire, et j'ai encore bien des choses à vous exposer.

» Les amis qui se sont groupés autour de nous n'ont pas eu de recherches à faire... les révélations sont arrivées toutes seules.

» Il y avait à Prague un illustre médecin, très lié avec la Dauphine et vivant dans son intimité ; il est devenu partisan du Prince, et lui a écrit des centaines de lettres. Il est question de cet incident.

» Lorsqu'on sut le voyage de M^{me} de Rambaud, il y eut un trouble inexprimable au château. Il avait été si profond que la domesticité l'avait deviné. Le lendemain de cette démarche que vous connaissez se produisit un acte arbitraire, un dernier outrage qu'on ne devait pas redouter.

» Dès sept heures du matin, la vénérable M^{me} de

Rambaud reçut la visite d'un agent, qui, confus du rôle qu'il venait de jouer, balbutiant des paroles de justification, lui fit connaître que, sur une haute réclamation, la police autrichienne lui ordonnait de quitter les États de l'empire dans l'espace de vingt-quatre heures.

Voilà comment M^me la Dauphine a jugé à propos d'écarter celle dont elle n'avait pas osé affronter l'entretien. Voilà comment M^me de Rambaud, à son âge, avec son passé, avec son grand caractère, avec la juste considération qui l'entourait à Versailles et à Paris, subit une intolérable insulte pour la punir d'avoir cherché à défendre des droits légitimes !

« Telle fut, Messieurs, la conduite de M^me la Dauphine. Au point de vue moral, elle me paraît être l'une des preuves les plus considérables de ce procès.

» M^me la duchesse d'Angoulême n'a pas voulu répondre aux lettres qui lui étaient adressées. Elle a repoussé M. de Saint-Didier ! elle a chassé M^me de Rambaud ! et elle n'a pas craint de joindre à une ingratitude sans nom l'outrage qu'elle a fait infliger à cette sainte femme !... Encore une fois, comment donc aurait-elle agi, si elle s'était trouvée en présence de son frère ? »

Je résume en quelques mots la marche suivie jusqu'ici :

1° Jusqu'à l'époque de la Restauration il fut matériellement impossible au Dauphin évadé de donner de ses nouvelles à sa sœur ;

2° La duchesse d'Angoulême ne put pas ignorer l'évasion puisque les chefs de sa famille la connaissaient, et que beaucoup d'autres personnes, en particulier plusieurs anciens serviteurs de Louis XVI, l'en avertirent formellement ;

3° Elle était absolument certaine de cette évasion ; je le prouve :

> *a)* par la conviction de ceux qui l'entouraient, conviction qui n'était que le reflet de la sienne ;
> *b)* par les démarches qu'elle fit pour retrouver son frère ;
> *c)* par ses remords ;
> *d)* par ses aveux formels.

4° Elle n'hésitait guère sur l'identité, et a plusieurs fois reconnu son frère dans Nauendorff ;

5° Nul ne s'étonne que cette conviction soit entrée dans l'esprit de M^me la Dauphine ; on s'étonnerait plutôt du contraire, quand on connaît :

*a)* les lettres écrites par le prince à sa sœur;

*b)* les *Mémoires* qu'il a publiés;

*c)* enfin les démarches faites auprès de la duchesse d'Angoulême, et surtout la mission de M. Morel de Saint-Didier.

Pour moi il me semble impossible de douter d'aucune de ces cinq assertions, parce qu'elles s'appuient sur des preuves nombreuses et convaincantes.

Une nouvelle question se présente ici naturellement à l'esprit ? « Pourquoi la duchesse d'Angoulême n'a-t-elle pas reconnu publiquement son frère ? »

On a pu déjà pressentir quelle réponse j'incline à donner à cette question ; je demande néanmoins la permission de faire passer encore quelques documents sous les yeux du lecteur. Après quoi, il prononcera lui-même.

# CHAPITRE XI



Un jour, M. le comte de Crouy causait de Louis XVII avec M. Gruau de la Barre. Ce dernier, au cours de la conversation, dit à son honorable interlocuteur (1) :

« Pourquoi vous, Messieurs, qui pouvez facilement aborder la duchesse d'Angoulême, ne lui faites-vous pas envisager qu'elle se déshonore en refusant de voir celui qui se dit son frère ? — La chose n'est pas aussi facile que vous le pensez, répondit M. Crouy; M^me la duchesse d'Angoulême *a défendu, sous peine de disgrâce, de ne jamais lui parler de cette affaire* ». Cela se passait en 1836 ».

Avons-nous bien entendu ? M^me la Dauphine a très souvent, comme je l'ai rapporté, avoué sa certitude de l'évasion ; et quand on veut l'intéresser à son

(1) *Intrigues dévoilées*, t. I, p. 592.

frère qu'elle sait vivant, elle défend de jamais lui parler de cette affaire !

Parole incompréhensible... ou atroce !

Sous cette défense ne croit-on pas voir la préoccupation du criminel qui craint d'entendre prononcer le nom de sa malheureuse victime, parce que ce nom terrible excite en lui d'épouvantables remords !

Cette pensée fait frémir, et je n'ose m'y arrêter. — J'aime mieux attribuer les défenses de M^me la Dauphine à une autre cause moins basse et plus avouable.

Un jour elle a écrit à « une des plus honorables protections du soi-disant duc de Normandie » la lettre suivante (1) :

« 12 Décembre 1833.

« J'ai trop, Madame, la certitude (2) de la mort de
» mon frère pour pouvoir le reconnaître encore dans
» celui qui se présente. Les preuves qu'il m'en donne
» ne sont pas assez claires. Je n'ai aucun souvenir des
» faits qu'il me rappelle ; donc je ne puis accepter
» l'entrevue qu'il me propose. Je ne me laisse pas
» effrayer par les menaces qu'il ose prononcer. Qu'il
» me donne des preuves plus positives s'il les a.

« M. T. »

(1) *Mémoires du duc de Larochefoucauld*, t. V.
(2) Nous savons comment elle était certaine de cette mort.

Et pourtant nous avons vu quels souvenirs précis et nombreux le Prince avait rappelés à sa sœur dans ses Mémoires et dans ses lettres.

Peut-il se faire que la duchesse d'Angoulême n'ait aucun souvenir des faits qu'il lui rappelle, tandis que Louis XVII, plus jeune qu'elle, à la Révolution, a conservé fidèlement dans sa mémoire tant de petits détails ?

Pour moi, je crois, si la duchesse a dit toute la vérité, que cela tient à une différence psychologique entre ces deux infortunés rejetons de la royauté méprisée et abhorrée.

C'est un fait incontesté que les évènements extraordinaires frappent plus dans la première enfance que dans la jeunesse.

Alors que l'enfant commence à comprendre ce qui l'entoure, que son âme s'éveille à la première aurore de la vie, sa jeune et fraîche imagination n'est pas encore émoussée par les amertumes de la terre et s'attache avec amour à tout ce qu'elle rencontre.

L'esprit de curiosité qui se rencontre dans les enfants est très remarquable. « C'est la curiosité, dit Reid, qui occupe chez les enfants la plus grande partie des heures qu'ils passent éveillés. Tout ce qu'ils peuvent saisir ils l'examinent de tous côtés et souvent mettent en pièces les objets pour découvrir ce qu'ils cachent dans leur sein ».

Tout les étonne, parce qu'il n'ont rien vu, rien compris, et à cause de cet étonnement même les souvenirs de l'enfant laissent souvent dans son esprit une empreinte ineffaçable.

Les souvenirs du Prince ne remontent guère au delà des 5 et 6 octobre, c'est-à-dire des premières journées de la Révolution; il dut donc être frappé d'une manière très vive par les terribles évènements qui s'accomplirent alors, et comme la vivacité de l'impression est une des lois de la mémoire, il n'y a donc rien d'étonnant que le souvenir en soit resté profondément gravé dans son âme.

De plus, le Prince passa une grande partie de sa jeunesse dans les prisons et dans la solitude la plus absolue. Souvent les premiers souvenirs de sa vie durent occuper ses tristes et monotones moments d'inaction et de mort latente. J'ajouterai même qu'il ne pouvait guère s'occuper d'autre chose (1). Notre esprit, en effet, a la faculté de penser et de réfléchir, elle est innée en nous; mais cette faculté ne grandit,

---

(1) Je demande pardon au lecteur d'entrer dans ces détails philosophiques, mais je les crois utiles pour bien expliquer l'état d'esprit du Prince et de M<sup>me</sup> la Dauphine.

ne se développe que par l'expérience. Ainsi une statue est contenue en puissance dans un bloc de marbre ; il faut le ciseau du sculpteur pour la faire sortir de sa grossière enveloppe. Notre esprit n'agit que sur les données de l'expérience : il les combine et en forme de nouvelles pensées. Or, quelles étaient les données de l'expérience pour le Prince, dans sa prison du Temple et même plus tard au donjon de Vincennes ?

Il ne connut guère autre chose que les tristes péripéties où il avait passé dans le drame sanglant de la Révolution ; mille fois pour une il revit les affreuses circonstances où il s'était trouvé, et aussi il n'y a rien d'étonnant à ce qu'il s'en soit souvenu. Ce serait le contraire qui, à mon avis, serait étonnant.

Ajoutons que pendant longtemps le Prince n'eut connaissance d'aucun évènement qui eût pu altérer le souvenir des autres, de sorte que la vivacité de la première impression resta toujours très profonde.

En fut-il de même pour la duchesse d'Angoulême ?

Nullement. A l'époque de la Révolution, elle était plus âgée que le Dauphin. Son esprit avait déjà une certaine expérience de la vie et n'en était plus aux premiers étonnements du jeune âge. Mieux que son frère elle comprenait les conséquences qui devaient découler des tristes évènements qui s'accomplissaient, et ainsi, elle ne prêtait guère d'attention aux petits détails qui étonnaient l'âme naïve du jeune enfant. L'impression était moins vive, le souvenir devait rester moins long-temps.

De plus, la captivité de Madame fut loin d'être aussi prolongée que celle du jeune Prince. De nouveaux évènements remplirent son esprit ; elle put jouir de la vie de famille dont les douceurs et les charmes font bien vite oublier les tristes souvenirs et les amertumes des jours mauvais. Et ainsi peut-être oubliait-elle peu à peu les souvenirs de son enfance !

Telle est la limite du possible, telle est l'explication qu'on donnerait en gardant une complaisance excessive pour M$^{me}$ la Dauphine.

Est-ce probable ? Je ne le crois pas ; et dire le contraire serait manquer à l'impartialité de l'histoire.

La réponse est évasive, voilà tout. Sa famille l'empêchait de reconnaître son frère, et, de peur de laisser son cœur éclater, elle ne voulait se livrer à aucun examen. — Ne nous est-il jamais arrivé de répondre de même à des questions que nous ne voulions pas approfondir ?

Mais soyons larges. Admettons qu'elle n'eût eu aucun souvenir précis des faits rapportés par le duc de Normandie, cela est-il une raison pour défendre expressément à son entourage de lui parler de son frère ?

N'aurait-ce pas été au contraire une consolation de parler avec des amis de ce cher enfant, mort au fond d'une prison dans des tortures inexprimables ?

C'était, direz-vous, parce que ces souvenirs lui causaient une douleur trop grande ! — Eh quoi ! ne sont-ce pas des larmes bien douces que celles versées sur ceux qui ne sont plus, quand on les aimait véritablement ? Est-ce que l'on n'aime pas à se faire redire cent fois les tortures subies par ceux qu'on pleure ?

J'ai déjà écarté cette conclusion ; je l'écarte encore.

Je crois être plus près de la vérité en disant que la duchesse d'Angoulême savait son frère vivant, qu'elle souffrait de ne pas le reconnaître à cause de sa famille, et qu'elle espérait, en n'entendant plus parler de lui, oublier les pensées qui lui déchiraient le cœur.

Espoir criminel, sans doute ! mais ne l'accusons pas trop vite et voyons dans quelle cruelle alternative elle était placée.

Elle disait, dans une confidence intime, au chevalier Louis de Coïntoux : « Je sais bien que mon pauvre frère est vivant..... il m'a écrit de Prusse..... mais *mon oncle ne veut pas que je le reconnaisse*. (Voir plus haut).

Voici un extrait d'un lettre adressée à M^me la princesse Amélie et publiée dans *la Légitimité* du 12 avril 1885.

« Paris (82, rue des Fourneaux), le 7 janvier 1885.

» Madame,

. . . . . . . . . . . . . . . . . . . .

» M. de Rasac était présent quand le comte de Castres dit, en présence d'un assez grand nombre d'officiers, au sujet du prétendant (1) : « Je voudrais » bien le voir. Je lui en dirais de telles que je l'aurais » bientôt convaincu de fourberie. — Mais mon » ami, répondit le vieux général, avec la clef d'or on » pénètre partout ». En effet, il obtint un congé de quelques jours et put voir le prétendant. Le comte lui trouva de très bonnes manières, une grande politesse, et, quand il eut vu tous ses papiers, loin de l'accabler de reproches, il demeura stupéfait. « Vous êtes mili- » taire, M. le Comte, lui dit le prisonnier, et par » conséquent un homme d'honneur. Puis-je vous » demander un service. — Tout ce que vous voudrez, » monsieur, je suis entièrement à votre disposition. » — Eh bien, veuillez de ma part remettre à ma sœur,

(1) Il s'agissait du premier prisonnier de Rouen.

» la duchesse d'Angoulême, cette liasse de papiers. —
» Très volontiers, monsieur ». Et ils se séparèrent.
A son retour de Rouen, le comte de Castres, par l'en-
tremise de son oncle le général (M. de Vioménil),
obtint facilement une entrevue de la duchesse d'Angoulême qui avait toujours un faible pour les gardes
du corps. « Mon ami, dit-elle en arrivant, vous
» m'avez demandé une audience. Pour quel sujet ? »
Le comte lui répondit : « Madame sait qu'on parle
» beaucoup d'un prétendant qui se dit son frère et
» que l'on a incarcéré à Rouen. — Oh ! je sais tout
» cela ! — Madame, je suis allé le voir et il m'a
» chargé de remettre les papiers que voici à Votre
» Altesse Royale. — Vous auriez mieux fait, mon-
» sieur, de rester chez vous et de ne point solliciter
» une audience. Je n'accepterai pas ces papiers, *car le*
» *roi m'a défendu* de me mêler de cette affaire. Portez-
» les à M. Decazes ». Et elle se leva. M. Decastres
porta les papiers au comte Decazes, mais il se dit qu'il
y avait en tout cela quelque chose de louche.....

   » Fr. Louis-Joseph, prieur du couvent ».

*Mon oncle ne veut pas que je le reconnaisse !... Le roi
me l'a défendu !...* Pauvre femme ! Était-elle donc à ce
point son esclave ? Quoi ! son frère aurait pu venir

se jeter à ses pieds, et, parce que le roi lui avait défendu de s'occuper de cette affaire, elle l'aurait repoussé ! Quelle était donc la puissance de ce roi qui fermait ainsi la bouche à ceux qui auraient pu dénoncer ses menées criminelles ?

Pour les uns je ne sais ; pour les autres c'était par l'or.

Ainsi, Gomin, qui a toujours parlé contre la survivance du Roi-Martyr, fut pensionné à plusieurs reprises par la Restauration.

« ... Lors de la première Restauration, S. A. R. Madame s'étant souvenue de lui, lui fit avoir la place de concierge au château de Meudon. Pendant les Cent-Jours, il perdit cette place, dans laquelle il n'a pas encore pu obtenir d'être réintégré, et qu'il regrette, dit-on, beaucoup, quoiqu'on l'ait nommé à un autre emploi au château des Tuileries. »

(Lettre inédite du comte Anglès, préfet de police, au ministre de la police générale, comte Decazes, le 19 juin 1817. Archives nationales, carton 6,808, dossier 1,496).

« La seconde place que Gomin avait obtenue aux Tuileries, sous Louis XVIII, en 1817, était celle de *fourrier des feutiers* du roi. » (Lettres inédites de Duviviers et Joly, officiers de paix, au comte Anglès,

préfet de police ; Paris, 12 avril 1817. Archives nationales, F, 7, carton 6,808).

Il fut pensionné jusqu'à sa mort par la Maison
d'Artois ; il paraît même qu'il fut anobli et devint
M. de Pongerville.

Quand l'or ne suffisait pas, Louis XVIII avait
d'autres moyens.

Caron, un ancien employé du Temple, fut lui aussi
pensionné par Louis XVIII, mais l'or *ne lui ferma pas
la bouche, et il dit ce qu'il savait sur le Dauphin et sa
mystérieuse évasion*. Or, voici ce qu'il advint de lui :
« Le 4 mars 1820, un nommé Caron qui avait été
employé au service de bouche de Louis XVI, qui
était parvenu à s'introduire au Temple après le trans-
fert de la famille royale dans cette prison, et qui possédait, ou prétendait posséder sur l'enlèvement du fils
de Louis XVI des détails secrets importants, disparut
tout à coup, à la suite de plusieurs visites d'un grand
personnage de la cour, sans que la famille ait jamais
pu retrouver sa trace ». Comment expliquer cette disparition (1) ?

Cette assertion est confirmée par une lettre écrite à
*la Légitimité*, le 5 février 1883, par M. Carpier (Paris,

_____

(1) Louis Blanc, *Histoire de la Révolution*. Voir déclaration de Caron
fils, dans la Restauration de Suvigny, p. 149.

18, rue Dauphine, et publiée par ce journal : t. I,
p. 113).

« MONSIEUR,

» Conformément à votre désir, je m'empresse de
vous confirmer ce que j'ai eu l'honneur de vous dire
relativement à la mystérieuse disparition de M. Caron,
qui fut l'un des surveillants (1), au Temple, de l'infortuné Dauphin, fils de Louis XVI.

» Il y a une quarantaine d'années que, me trouvant
à dîner en compagnie de M. H. Hostein, directeur du
théâtre de l'Ambigu-Comique, et de M. Caron, son
régisseur, ce dernier, qui était le fils de M. Caron dont
il est question plus haut, nous déclara que son père
lui avait dit à différentes reprises, ainsi qu'à sa mère,
qu'il savait, mieux que personne, que le Dauphin
n'était pas mort, et, à cette occasion, M. Caron nous
fit, sur la façon dont il perdit son père, l'étrange récit
que voici :

» En 1816, un an après le second retour des Bour-
» bons en France, un dimanche, M. Caron père se
» disposait à déjeuner avec sa femme et son fils, lors-
» qu'un officier d'ordonnance vint le trouver et l'in-

(1) Légère inexactitude : M. Caron fut employé au Temple, mais non
surveillant du prisonnier.

» vita à le suivre au château des Tuileries, où l'on
» avait à lui demander des renseignements sur le
» Dauphin Louis XVII. Caron s'empresse de se ren-
» dre à cette invitation et monte dans la voiture de
» l'officier, qui l'emmena avec lui. Le conduisit-il
» aux Tuileries ? C'est ce qu'on a toujours ignoré,
» car on prétendit qu'on ne l'y avait pas vu. Toujours
» est-il qu'on ne revit jamais Caron père, et qu'on ne
» put jamais le retrouver, malgré toutes les recher-
» ches et les démarches que firent sa famille et la
» police pour arriver à ce résultat. Avait-on intérêt à
» le faire disparaître afin de mettre à néant ses révé-
» lations relatives à l'évasion du Dauphin ? C'est ce
» qu'on a toujours supposé ».

» Tel est, Monsieur, le renseignement que vous
m'avez demandé sur cette ténébreuse affaire et que je
me fais un plaisir de vous transmettre exactement conforme au récit de M. Caron fils, mes souvenirs à cet
égard étant très positifs.

» Constamment à votre disposition, je vous prie
d'agréer, Monsieur, l'assurance de mes sentiments
respectueux.

» A. CARPIER,

» 18, rue Dauphine.

» Paris, le 5 février 1883 ».

Il est extraordinaire qu'un homme disparaisse ainsi sans laisser de traces.

Peut-être l'est-il moins que ces deux anciens serviteurs de la famille royale aient été pensionnés par elle. C'était par reconnaissance, direz-vous, et non pour acheter leur silence.

Était-ce aussi par reconnaissance qu'on servait une rente annuelle à Charlotte de Robespierre ? Ah c'était peut-être parce que son frère avait fait mourir Louis XVI !

On lit dans la *Biographie Universelle* de Michaud, article Charlotte Robespierre : « Napoléon donna à Charlotte Robespierre une pension de 3,600 francs. Cette pension fut réduite de moitié sous la Restauration. On s'attendait avec quelque raison à la voir tout à fait supprimée, et l'on n'apprit pas sans étonnement que c'était par ordre de Louis XVIII lui-même que cette pension avait été conservée. On ne la supprima entièrement qu'en 1823, sans que l'on sache pour quelle cause. Sous Charles X elle fut rétablie.

Que Louis XVIII ait pensionné la sœur de son ancien agent, on le comprend ; on comprend moins que Charles X, s'il n'a pas été complice de Louis XVIII, ait rétabli cette odieuse pension.

Voici plus fort. On lit dans *les Salons d'autrefois*, par M^me la comtesse de Bassanville :

« Un fait acquis à l'histoire, mais que peu de personnes connaissent cependant, c'est que *M^me la Dauphine faisait sur sa cassette une pension de douze cents francs à Charlotte Robespierre,* sœur de l'affreux Maximilien, laquelle avait invoqué la générosité de la princesse.

« Et qu'on ne mette pas en doute ce que je raconte ici, car j'ai moi-même de mes yeux vu, ce qui s'appelle vu, une quittance de cette pension écrite toute entière de la main de Charlotte et signée du nom sinistre de : *Robespierre*, quittance qui fait partie de la célèbre collection d'autographes rassemblée à grands frais par M. le baron de Tremont ».

Que penser après cela ?

Ainsi il ne suffisait pas à la sœur de Robespierre, pour garder le silence, de la pension qui lui était allouée par une loi, et c'est la duchesse d'Angoulême qui se charge de lui fermer la bouche ! — O horreur ! ô turpitude !

Lecteur, vous rappelez-vous la lettre où Louis XVII disait à sa sœur de s'adresser à la sœur de l'infâme Robespierre pour avoir des nouvelles certaines sur son compte ?

La duchesse d'Angoulême, sans doute, avait suivi ces indications : elle avait découvert des mystères cachés, et comme la politique infernale de Louis XVIII s'opposait à ce qu'elle reconnût son frère, elle dut plier devant le monarque impérieux, et acheter le silence d'une femme à qui elle pouvait pardonner, mais qu'elle ne devait pas secourir avec luxe, tandis que tant de fidèles serviteurs, tant de veuves de Vendéens morts au champ d'honneur, gémissaient dans l'opprobre et la misère (1).

Charlotte Robespierre n'a pas été la seule personne peu honorable dont la duchesse d'Angoulême se soit approchée, au risque de s'y salir. Nous lisons dans une lettre du chevalier de Carro, médecin de Madame, à Carlsbad, du 16 novembre 1840 :

« ..... Lorsque je parlai à ces messieurs de ces papiers (2), M. Henœck se rappela que le chevalier

(1) M^me de Méret, née de Beauvoir, adressa à la duchesse d'Angoulême, dans le mois de novembre 1838, une lettre touchant la royale personne de son frère, le duc de Normandie, sous le couvert de M^me la duchesse de Berri, pour certifier à la fille de Louis XVI l'identité de l'Orphelin du Temple ; *et depuis cette lettre* la duchesse d'Angoulême *cessa de lui continuer* des secours qu'elle lui adressait auparavant. (*Intrigues dévoilées*, t, III, p. 1006.)

(2) Il s'agit des papiers remis par le fils de Louis XVI au prince de Hardemberg. — Ces messieurs étaient : M. Henœck, industriel de la Silésie prussienne, le docteur N... et M. Wehmer, jurisconsulte hanovrien de Gottingue.

prince de Hardemberg, à son retour de France, en 1814, avait ramené une très jolie personne, de basse extraction, dont il fit sa maîtresse. Au congrès d'Aix-la-Chapelle, il s'en défit en la mariant à un sous-officier qui, pour dot, reçut un emploi civil au conseil du district ou du gouvernement de Francfort-sur-l'Oder, et il devint commissaire de police à l'époque du procès du duc (Louis XVII), à Crossen, ville appartenant à sa juridiction. Il se nomme Beaudemer ; c'est un honnête homme et ami de M. Henœck.

« Il lui parla souvent de cette affaire, en homme convaincu de l'identité de M. Nauendorff avec l'orphelin du Temple.

« La femme de M. Beaudemer, dont la sœur est encore marchande de fruits, est non-seulement de basse extraction, mais encore de honteuse renommée, et néanmoins *elle est en relations continuelles* et même en *correspondance* avec la famille royale de Goritz. Pendant le peu de jours que Charles X passa à Francfort-sur-l'Oder avec sa famille il logea tout près de la maison de M^me Beaudemer, qui le servait toute la journée, et qui reçut même des visites du duc de Blacas ; on conduisit aussi chez elle le duc de Bordeaux : « Bref une alliance très intime existait entre « la famille royale et elle ».

« Quelques années après cet évènement, elle alla aux bains de Bohème, et probablement à Carlsbad, pour rejoindre la famille royale, car M. M..... et moi nous avons vérifié que M^{me} Beaudemer s'y trouva en même temps que la duchesse d'Angoulême en 1836, qu'elle fut reçue par cette princesse, qui lui fit cadeau d'une chaîne d'or ; qu'elle parlait souvent à son hôtesse de la famille royale de France. La fortune de M. Beaudemer étant nulle, on n'avait pas compris que sa femme put si souvent faire des voyages ; tout récemment encore, en 1840, elle a acheté une maison de Francfort-sur-l'Oder, au prix de huit mille écus de Prusse comptants. C'est là qu'elle demeure maintenant, méprisée de tout le monde, mais exempte de soucis.

« Il est donc évident que pour s'abaisser à faire la cour à une pareille femme, il faut qu'on la sache maîtresse de grands secrets, et il est probable que cette coquine aura su tirer d'eux cet argent, sous peine de parler de cette affaire à qui de droit ».

En écrivant ces lignes, je sens l'indignation me soulever le cœur, mon sang bouillonne et volontiers je m'écrierais :

« Son Altesse Royale était convaincue de l'identité de Nauendorff avec le Dauphin et était déterminée à ne jamais l'avouer pour les différents mobiles que nous connaissons. Cela seul explique ses contradictions, son irritation, son hideux sourire, l'oubli de sa dignité, ses assertions ridicules, toute sa conduite inexplicable enfin (1) ! »

Peut-être la conclusion logique de ce livre devrait-elle être telle ! Mais, je ne sais pourquoi, je recule devant une pareille affirmation.

Ah ! j'étais pourtant bien décidé à rompre avec le préjugé, à ne plus vivre sur l'opinion commune, à me faire une conviction, par moi-même, et à proclamer la pure vérité, dussé-je pour cela rabaisser tout un passé glorieux et précipiter dans l'infamie tout ce qui jusque-là avait été élevé sur le piédestal de l'honneur.

Peut-être plus d'un lecteur s'est-il déjà dit que la duchesse d'Angoulême ne mérite pas autre chose.

Et cependant, moi, j'hésite.

Manquerais-je de courage ?

Oh ! non, si je croyais par là dire la vérité, je l'affirmerais, fût-ce au péril de ma vie.

Mais il me semble qu'il y a dans la vie de Madame des circonstances atténuantes, celle, en première ligne, d'un patriotisme mal entendu, mais réel. Peut-être aussi cette princesse, dont on a tant vanté la

(1) Otto-Friedrichs. — Un crime politique.

bonté et la droiture, n'avait-elle pas autant d'intelligence et de volonté que de cœur. Dans tout le cours de cette histoire, en effet, nous la voyons troublée, hésitante, et jamais elle n'ose prendre une décision par elle-même; il faut toujours qu'elle réfléchisse, qu'elle prenne conseil.

Une telle âme n'était pas faite pour les grandes actions, pour un rang souverain; elle devait être la proie du premier homme qui eût osé lui donner des conseils.

Et Dieu sait si M^{me} la Dauphine a subi de nombreuses et fortes influences.

D'abord nous la voyons obéir aveuglément à ses oncles. Le comte de Provence surtout est pour elle comme un terrible podestat dont il ne faut enfreindre aucun des ordres cruels.

A mon avis, c'est sur lui qu'il faut faire retomber une grande partie de la honteuse méconnaissance du Prince. Un grand nombre de documents le prouvent. J'en ai déjà cité plusieurs ; je vais encore en rapporter quelques-uns.

« ..... (1) M^{me} la comtesse Barbançais a dit à un prêtre (du diocèse de Bourges), qui me l'a écrit, que, dans son enfance, son père, le comte de Saint-Vincent,

----

(1) Lettre publiée dans *la Légitimité* du 5 octobre 1884.

qui était à la cour dans l'intimité de Louis XVIII et de Charles X, fut témoin d'une vive discussion entre les deux frères, à propos de Louis XVII. Louis XVIII dit au comte d'Artois :

» Taisez-vous ! Vous êtes aussi intéressé que nous » dans la question ! »

Ainsi, c'est toujours Louis XVIII qui est l'instigateur. Il répond au comte d'Artois comme nous l'avons vu répondre au duc de Berry !

Ah ! le Louis XVIII de la Restauration était toujours le comte de Provence de 89 !

Et Marie-Antoinette aurait pu dire de lui ce qu'elle en disait au temps de la première Révolution :

« Je n'ai pas changé d'avis sur ce dont je vous ai parlé, puisque les choses sont toujours les mêmes. Soyez sûre, ma chère Lamballe, qu'il y a dans ce cœur-là (du comte de Provence) plus d'amour personnel que d'affection pour son frère, et certainement pour moi. Sa douleur a été toute sa vie de ne pas être né le maître ; et cette fureur de se mettre à la place de tout n'a fait que croître depuis nos malheurs qui lui donnent occasion de se mettre en avant... Adieu, mon cher cœur. Brûlez ma lettre (1) ». (Lettre de la reine à Mme de Lamballe, juillet 1791.)

_______

(1) M. Feuillet de Conches : *Louis XVI, Marie-Antoinette et Mme Eli-*

Ah ! la reine avait bien raison de n'avoir aucune confiance en M. de Provence. N'a-t-il pas en effet suscité nombre de difficultés au gouvernement de Louis XVI ? N'a-t-il pas même été jusqu'à conspirer contre lui ? Voici en effet ce qu'il écrivait au marquis de Favras, le 1er novembre 1789 :

« Je ne sais, Monsieur, à quoi vous employez votre temps et l'argent que je vous envoie. Le mal empire. L'Assemblée détache toujours quelque chose du pouvoir royal : que restera-t-il si vous différez ? Je vous l'ai dit et écrit souvent : ce n'est point avec des libelles, des tribunes payées et quelques malheureux groupes soudoyés que l'on parviendra à écarter Bally (Bailly) et La Fayette : ils ont excité l'insurrection parmi le peuple ; il faut qu'une insurrection les corrige à n'y plus retomber. Ce plan a en outre l'avantage d'intimider la nouvelle Cour et de décider l'enlèvement du soliveau (Louis XVI). Une fois à Metz ou à Péronne, il faudra bien qu'il se résigne. Tout ce que l'on veut est pour son bien : puisqu'il aime la nation il sera enchanté de

sabeth, lettres et documents inédits, t. II, p. 142. — M. de Conches ajoute : « L'autographe de cette pièce (un de ceux dont on dit : Brûlez ma lettre et qui pour cela même sont conservés) est un des plus précieux que je possède. C'est une des lettres qui sont tombées de la chevelure de la princesse de Lamballe au moment où elle fut frappée de mort. Elle est souillée de sang. »

la voir bien gouvernée (1). Envoyez au bas de cette lettre un récépissé de deux cent mille francs (2).

» Louis-Stanislas-Xavier ».

Il existe bien d'autres preuves des coupables menées du comte de Provence, mais je crois que celles-ci suffiront pour démontrer pleinement que celui qui ne rougissait pas de chercher à détrôner son frère n'aurait eu garde de reconnaître son neveu, pour lui rendre le trône, où il avait tant eu de peine à monter.

Aussi a-t-il tout fait pour empêcher la reconnaissance du jeune Prince, soit en lui suscitant mille difficultés dans sa vie aventureuse, soit en produisant sur

(1) La conspiration échoua et le marquis de Favras paya son infidélité de sa tête. — En 1815, Louis XVIII pensionna sa veuve : elle aussi avait des secrets à garder.

(2) Cette lettre a été d'abord imprimée par M. Louis Blanc, page 160 du tome III de son *Histoire de la Révolution Française*. Il l'avait copiée sous les yeux de M. Monkton-Milnes, aujourd'hui lord Houghton, pair d'Angleterre, secrétaire de la société du Philobiblion de Londres, qui la possède dans sa collection de documents historiques. Lord Houghton l'a publiée de nouveau dans l'un des volumes de *Mélanges* de cette société de curieux, avec une lettre interceptée de Marie-Antoinette au comte de Mercy, en date du 12 août 1791. La lettre du comte de Provence paraît avoir été écrite en encre sympathique, et porte dans le bas ces mots, d'une autre main, et à l'encre rouge : « *Papiers secrets.* » Feuillet de Conches, *op. cit.*, t. III, p. 471.

la scène politique des faux dauphins, dont le grotesque devait ridiculiser les prétentions du véritable, soit surtout en mettant les membres de sa famille dans l'impossibilité matérielle ou morale de le reconnaître.

Lui, il le reniait audacieusement : et pour reconnaître le Prince fils de Louis XVI, les autres Bourbons devaient flétrir leur chef. La plupart reculèrent.

Il faut dire aussi que Louis XVIII prit tous les moyens nécessaires pour jeter le trouble dans leur âme. La duchesse d'Angoulême savait que son frère n'était pas mort au Temple ; le roi lui fit croire qu'il était mort depuis.

« Je dînais un jour, en 1836, raconte M. de la Barre, avec M. Appert, ancien curé de Saint-Arnoult, chez M. Cahier, autrefois orfèvre de la cour, et je déversais avec assez d'énergie, sur la sœur fratricide, le blâme qu'elle s'est attirée sur sa conduite : « Ne la jugez pas » avec tant de sévérité, me dit M. Cahier, elle est » dans l'erreur de bonne foi; car j'ai vu au château, » en 1824, un acte de décès qui attestait la mort du » Prince en pays étranger ».

Quand Louis XVIII dit au duc de Berry : « Ne savez-vous pas qu'après moi vous êtes appelé à régner » ? Le noble duc répondit : « Sire, la justice plutôt qu'une couronne ! » Charles X ne fut pas aussi chevaleresque que son fils.

En lui non plus la reine n'avait pas confiance. Elle écrivait à Mercy, le 20 janvier 1791 :

« Il paraît que mon frère d'Italie (le comte d'Artois, alors émigré en Italie) ne sera pas reçu à Vienne. Je le désire fort. Ce voyage ne peut que me compromettre de toute façon, puisque celui qui veut l'entreprendre y va sans notre aveu, et que tous ses alentours et amis ne cessent de dire des horreurs contre moi (1) ».

Louis XVIII chercha à réparer ses torts envers son neveu, et, en mourant, il laissa un testament secret, lequel ordonnait à son successeur de rendre la couronne au roi légitime.

Charles X, ébloui par les fausses splendeurs du trône, ne put se résigner à ce sacrifice. Il consulta quelques courtisans sans conscience qui crurent faire plaisir à leur nouveau maître en lui conseillant de garder ce qui semblait lui appartenir. Le testament fut jeté au feu, et le comte d'Artois devint Charles X. De son côté aussi, il devait désormais empêcher le Dauphin d'être reconnu.

Les intrigues des Bourbons se continuèrent même

(1) Feuillet de Conches, *op. cit.*

après la Révolution de 1830. Voici à ce propos une page étrange.

On lit dans le *Royal–Martyr du XIX^e siècle* du comte de la Barre, page 111 :

« On ne réfute pas la vérité ; mais on l'embrouille par tant de mensonges, qu'il faut la bien connaître pour n'être pas impressionné, à son préjudice, par les mille bouches qui les répètent. Nous n'ignorons point cette tactique : elle est écrite, dans les termes suivants, par le mot d'ordre sorti du camp ennemi, et dont nous avons pu vérifier la perfide exécution, par les rumeurs qui sont parvenues jusqu'à nous.

« Notes (la copie est textuelle) :

» Louis XIII fit périr segretement son frère dans la
» Bastille ; le Masque-de-Fer avait à peine cessé de
» vivre qu'une infinité d'intrigants prenaient ce nom
» et réclamaient leurs droits. — Ainsi devait arriver
» de Louis-Charles, fils de Louis XVI, mort segrete-
» ment dans la tour du Temple et dont le lieu de la
» sépulture est ignoré.
» 1. Parler d'Hergavault.
» 2. De Bruneau.
» 3. De Richemont, comme d'un républicain caché
» aux yeux de la police, travaillant pour son parti,

» tandis qu'il essayait de se faire croire fils de
» Louis XVI.

» De son jugement pour délit politique.

» De Nauendorff, comme d'un fou dont Louis-
» Philippe profite pour mettre la dissension entre les
» Légitimistes.

» De sa conduite criminelle en Prusse, du démenti
» donné à ses assertions par le gouvernement prus-
» sien. De l'erreur de quelques légitimistes, de la
» fausseté des dépositions de M^{me} de Rambeau, de la
» certitude que c'est un intrigant.

» D'un nommé frère Louis, de la Comp^{nie} de Jésus,
» vivant à Forli sous le nom de Louis Rotano.

» De la *probabilité* que celui-là, qui ne dit rien et
» qui se cache à tous les yeux, *puisse-t-être le fils de*
» *Louis XVI*. Parler de ceci vaguement et de conclure
» que le fils de Louis XVI est mort ou *qu'il est en*
» *Italie et que c'est le frère Louis* ».

Il est impossible de douter de la provenance de ces
notes après avoir lu ce que la princesse disait à l'abbé
Bossuet : elle pensait que *son frère était retiré dans un*
*couvent*.

Les Bourbons de Prague n'ont jamais été aussi
actifs contre le Dauphin que pendant son séjour en
France. Par toutes les voies possibles ils ont cherché

16

à entraver sa marche en avant. Ce fut par le secours de l'or. Le Prince avait réussi à fonder un journal, *la Justice*, dont le rédacteur en chef fut un jeune homme, honnête et fidèle, mais seulement hélas ! dans les premiers temps. Il se nommait Thomas et est encore vivant ; il porte aujourd'hui le nom de comte d'Agioux.

Plus d'une fois il dit au Prince, en lui parlant de son père qui avait une violente animosité contre le duc de Normandie : « Je sais que mon père est l'instrument de vos adversaires politiques, et pour vous le prouver, sachez que je viens de voir des amis, partisans du duc de Bordeaux, et qui m'ont proposé *de payer mes dettes et une place de 500 francs par mois* sous la condition que j'emploierais mon journal *contre vous ;* c'est mon père qui m'engage à accepter. Mais jamais, mon Prince, protestait-il alors, jamais je n'obéirai à mon père ».

Plus tard ce malheureux jeune homme ne pouvant faire face aux exigences domestiques de sa maison, succomba devant ces brillantes promesses et trahit honteusement le Prince qu'il avait d'abord servi avec ardeur et loyauté.

Ce fut par la voie de la diplomatie. Malgré tout, la cause du Royal-Orphelin faisait des progrès, et avec le secours de ses dévoués partisans, il songea bientôt à s'adresser aux tribunaux, pour recouvrer un nom que sa famille lui refusait. On eut peur à Prague ; on s'adressa au gouvernement autrichien, qui, lui, s'entendit avec le gouvernement français pour susciter des obstacles sans nombre au malheureux Prince.

Beaucoup d'avoués *craignant* d'occuper pour lui devant le tribunal de la Seine, d'autres ayant même refusé, le Prince fut obligé de s'en faire nommer un d'office.

« L'avoué désigné d'office pour l'assister de son ministère obligé, s'avisa, par une suggestion quelconque, d'exiger qu'il fît constater son individualité au moyen d'un acte de notoriété. Nouvelle obligation de s'adresser au président du tribunal de la Seine pour faire commettre un notaire chargé de le rédiger. On commit M. Chodron qui assigna un rendez-vous. Au jour fixé par le notaire, le Prince se rendit à son étude, accompagné de six notables témoins, domiciliés à Paris, selon les prescriptions de la loi. A peine avaient-ils été introduits, que l'officier public les renvoie aussitôt, sous prétexte *qu'il était mandé, à l'instant, au château des Tuileries ;* l'affaire est remise à un autre jour. Le jour arrivé, le Prince retourne chez le sieur Chodron, avec ses six témoins ; il leur déclare alors brusquement qu'il ne connaît pas les témoins ; en vain ces Messieurs veulent-ils établir leur identité par des pièces justificatives, comme ils en avaient le droit ; ce grossier personnage leur tourne le dos, et se renferme dans son cabinet (1) ». La protection de Metternich portait ses fruits.

« Les intrigues de Prague, dit M. de la Barre, se pratiquaient activement aussi, dans un autre sens, pour amuser le Prince par des espérances fallacieuses de réconciliation avec sa sœur ; tandis qu'on manœuvrait afin de lui extorquer ses documents d'identité ».

Ecrivains soudoyés, serviteurs fidèles débauchés, hautes protections implorées, honteuses spéculations, tout fut mis en œuvre pour faire échouer les réclamations du duc de Normandie.

Et dans ce concert satanique faut-il s'étonner que la conscience de la duchesse d'Angoulême ait été faussée, que la rectitude de son jugement ait été altérée.

Reconnaître Louis XVII avant 1830, c'était mettre la dynastie et la royauté en péril. Après 1830, beaucoup de légitimistes attendaient Henri V ; or, la reconnaissance de Louis XVII les eût peut-être écar-

(1) Le roi de France. *Légitimité*, t. III, p. 770.

tés de l'un et de l'autre. En soi, il est vrai, toutes ces raisons sont spécieuses ; mais elles suffisaient aux faux amis de la royauté, car l'ambition est mauvaise conseillère, et l'on croit facilement ce que l'on désire. Que de gens honnêtes et même chrétiens, comme le cardinal de Latil, le duc de Blacas, le prince de Metternich, voyant dans le duc de Bordeaux le futur sauveur de la France, n'auraient pas dit à la duchesse d'Angoulême : « Madame, reconnaître votre frère, c'est diviser le parti royaliste et le rendre impuissant. Beaucoup se rallient à notre jeune Prince parce qu'il annonce d'heureuses qualités : qui assure que votre frère donnerait les mêmes garanties ? Il vaut mieux comprimer les élans de votre cœur et les sacrifier sur l'autel de la Patrie : le salut de la France avant tout. D'ailleurs vous ne savez lequel de tous les soi-disant dauphins est le vrai : restez dans cette heureuse incertitude, n'approfondissez pas cette question brûlante ; et votre responsabilité sera sauvée. »

Ainsi l'abbé Chauvet, dans la pension duquel la duchesse d'Angoulême fit élever, à ses frais, les enfants de Martin, le voyant de Gallardon, *jusqu'à ce que celui-ci eût reconnu Louis XVII en Nauendorff,* disait : « Quand Nauendorff serait le frère de Madame, je lui conseillerais encore de ne pas le reconnaître, car ce serait rendre impossible le retour du duc de Bordeaux. »

Ainsi aujourd'hui beaucoup de soi-disant royalistes nous disent chaque jour : « Défendre la cause de » Louis XVII, c'est faire une mauvaise action ; ne » voyez-vous pas que c'est diviser le parti légitimiste » et diminuer ses forces ? Par conséquent vous devez » vous taire ».

Quelle aberration d'esprit ! Et pourtant ceux qui parlent ainsi sont réputés parmi les sages du jour. Hélas ! quelle petitesse aujourd'hui dans notre pauvre France !

Eh quoi ! la justice n'a-t-elle plus de valeur en soi ? n'a-t-elle qu'une valeur relative ? n'est-elle autre chose que l'utilité ?

Et ce sont des chrétiens qui tiennent ce langage ?

O Dieu ! ô Dieu ! à quoi leur sert donc notre divine et sublime religion ? — Les philosophes sans Dieu, les matérialistes, les positivistes, les socialistes ne professent pas d'autres théories !

Aussi, n'est-ce pas parce que Madame reniait son frère dans son cœur, parce que celui-ci n'a pas prouvé sa royale origine, qu'il a été méconnu ; la cause de cette méconnaissance se trouve dans la raison d'Etat.

« C'est la raison d'Etat, dit J. Favre (1), qui nous a toujours écrasés !

» Or, cette raison d'Etat n'est-elle pas la contradiction la plus éclatante des idées de morale, de justice? N'est-elle pas précisément invoquée pour justifier les crimes de la politique et les actes ténébreux du pouvoir ?

« Ah ! laissez-moi vous le dire avec le poète, dont j'ai besoin d'emprunter le magnifique langage pour fortifier ma faiblesse :

> « La justice n'est pas une vertu d'Etat,
> » Le choix des actions ou mauvaises ou bonnes
> » Ne peut qu'anéantir la force des couronnes.
> » Le droit des rois consiste à ne rien épargner.
> » La timide équité détruit l'art de régner.
> » Quand on craint d'être injuste, on a toujours à craindre.
> » Et qui veut tout pouvoir doit oser tout enfreindre,
> » Fuir comme un déshonneur la vertu qui le perd,
> » Et voler sans scrupule au crime qui le sert! »

Ajoutons une lettre écrite à M^{me} la princesse Amélie :

« Très bonne Princesse,

» ..... Il y a eu réellement à Nantes, pendant longtemps, une réunion de personnes qui sont restées

(1) *Plaidoirie,* p. 286.

fidèles à notre bon roi Louis XVII, et qui avaient
formé un projet sérieux de le remettre sur le trône. Ils
avaient concerté de le faire venir, et c'est d'après une
demande qui lui fut adressée que votre vénérable père
vint à Nantes. Là, comme je l'ai déjà dit à Votre
Altesse, on le fit descendre dans un petit hôtel ou
plutôt dans une auberge tenue par de braves gens,
afin de ne pas se compromettre. Il y fut entretenu
pendant quelques jours. On devait le faire connaître
peu à peu à la noblesse de Bretagne et de Vendée ; et
quand il y aurait eu un parti sérieux, on aurait présenté au gouvernement une protestation signée d'un
nombre considérable de noms honorables. Malheureusement on trouva que notre bon Prince avait des idées
libérales trop prononcées, une certaine antipathie pour
le clergé et une manière très fausse en matières reli-
gieuses, parce qu'il développa un nouveau mode de
religion contraire absolument à la foi et avec une ten-
dance très prononcée pour la secte des *Illuminés*. Alors
on craignait de ne pas réussir à lui ouvrir les yeux.
La noblesse crut qu'elle allait se nommer un chef
républicain. Le clergé eut peur de trouver un anta-
goniste à la religion catholique. On ne voulut pas se
jeter dans toutes les difficultés d'une contre-révolution
et peut-être d'une révolution ; et la conclusion fut

ainsi portée : « C'est bien le fils de Louis XVI, mais
» il n'est pas ce qu'il faut à la France. Il est dans
» l'erreur, plus à plaindre qu'à blâmer, parce que le
» milieu dans lequel il a vécu en est la cause. Mais les
» circonstances nous prouvent que Dieu l'a rejeté.
» Laissons agir la Providence, et si Dieu le change, il
» saura bien, plus tard, le remettre sur le trône de ses
» pères ». C'est alors, comme vous le savez, très
bonne princesse, qu'on le fit partir pour Strasbourg.
En cette circonstance deux partis se formèrent. Un de
ces partis croyant que Dieu avait abandonné la branche aînée des Bourbons, l'abandonna en s'attachant
au comte de Chambord. L'autre, très peu nombreux,
demeura fidèle et pria toujours, espérant que Dieu lui
changerait les idées et le ramènerait sur le trône de
ses pères.....

» Marie DE MAYLIAN.

« La Nogard, 27 septembre 1873 ».

La duchesse d'Angoulême savait tout cela, et elle
disait avec indignation à la comtesse d'Estérazy, en
parlant de son frère : « C'est un républicain ». N'était-
ce pas assez pour la froisser pitoyablement et qu'y
a-t-il de plus aveugle et de plus cruel qu'un orgueil
royal froissé ?

Récapitulons. Le jeune Dauphin est sauvé presque mourant du Temple, tandis qu'un autre y meurt en son nom. Louis XVIII qui attendait ce moment avec impatience prend le titre de roi ; d'abord les royalistes et les émigrés français le reconnaissent les uns après les autres. Enfin, peu à peu les puissances étrangères font de même.

Et l'on voudrait que vingt ans plus tard, lorsque le vrai Dauphin commence ses réclamations, tous ces nobles, tous ces gouvernements soient revenus bénévolement sur leur ancienne parole, et aient du premier coup tous reconnu leur erreur, et quelques-uns leur mauvaise foi ?

Ce serait bien peu connaître le cœur humain.

Et pour moi, je comprends maintenant cette parole ténébreuse de M. de Rochow à M. Laprade, en 1836 : « Au reste, Monsieur, je ne voudrais pas affirmer que cet homme n'est pas le Dauphin de France ; mais je vous dirai ma pensée toute entière : *il ne peut pas être reconnu pour tel*, PARCE QUE SA RECONNAISSANCE SERAIT LE DÉSHONNEUR DE TOUTES LES MONARCHIES DE L'EUROPE ».

Là est le secret de la méconnaissance du Prince, et par les puissances étrangères, et par sa famille.

CONCLUSION

Un ancien représentant du peuple (1848-51), Louis
Demarest, fait les réflexions suivantes qui me paraissent
très judicieuses (1) :

« L'avocat général Benoist, se demandant dans sa
plaidoirie en 1874 quelle était l'origine de Nauendorff,
avoue qu'il *n'en sait rien*. — Cette ignorance d'origine
ne peut être considérée, à l'égard de Nauendorff,
comme une *preuve* de son identité avec Louis XVII,
mais il faut considérer qu'un imposteur *affirmant cette
identité* ne pouvait avoir l'absolue certitude que son
*origine réelle* ne serait pas découverte et ne tournerait
pas à sa confusion.

» L'origine de Nauendorff, autre que celle qu'il
affirme, n'ayant été nulle part trouvée, malgré les
plus puissants moyens d'investigation, il y a *présomp-*

(1) *Légitimité*, t. IV, p. 444. — Ces notes ont été communiquées
par le frère du représentant, M. Demarest (Rouen, rue Lepecq de la
Clôture, 3).

*tion* que Nauendorff *peut* être Louis XVII, ainsi qu'il le dit; il ne *pourrait* être qu'un imposteur si une autre origine était prouvée. — Cette autre origine, *on l'ignore encore*, après des recherches qui remontent à plus d'un demi-siècle.

» Nauendorff a dit être Louis XVII; s'il était un imposteur, ayant entendu dire que le Dauphin a été délivré du Temple, il pouvait et *devait* craindre que la mort de celui-ci ne fût clairement prouvée. — De même qu'une origine capable de le confondre pouvait être produite contre Nauendorff, de même des preuves évidentes de la mort du Dauphin dans sa prison pouvaient lui être opposées; l'imposture, si on la suppose, avait en face d'elle deux motifs de confusion. — Mais au lieu de prouver la mort du Dauphin pendant sa captivité au Temple, le temps écoulé depuis cette époque a fait ressortir jusqu'à l'évidence que le Dauphin a été délivré. — Nauendorff échappe ainsi au second motif de confusion qui pouvait l'atteindre. — Son origine n'est pas établie et le Dauphin n'est pas mort (au Temple).

» A son arrivée en Prusse (l'avocat général Benoist ne le voit nulle part auparavant), il s'installe simple horloger, sans ressources et sans notoriété comme sans acte de naissance, il est *reconnu* bourgeois dans la ville de Spandau. — Venu on ne sait d'où et disant n'être autre chose que fils de roi, il pouvait être repoussé et chassé au lieu d'être honorablement accueilli. Cette troisième cause de confusion lui est épargnée comme les deux autres. — Nauendorff, sans ressources, sans famille et sans nationalité, ne fut point repoussé comme un vagabond.

» Enhardi peut-être par une facilité inespérée, Nauendorff, dans son ambitieux désir de se faire passer pour le fils de Louis XVI, et confiant dans une ressemblance qui était une *présomption* de plus en sa faveur, a écrit successivement à sa sœur et à plusieurs membres de la famille royale. On prétend que cela est faux (1) ; ce qui ne l'est pas, ce sont les démarches qu'il a fait faire auprès de la duchesse d'Angoulême à laquelle il demandait une entrevue.— Nauendorff, par suite de ces démarches, pouvait être appelé près de la duchesse d'Angoulême, qu'il affirmait être sa sœur. — Il lui fallait alors ou se rendre près d'elle pour y établir son identité ou refuser de donner suite à la demande qu'il lui avait fait adresser. — Dans le premier cas, Nauendorff « imposteur » était con-

(1) Il est certain que la duchesse d'Angoulême a reçu les lettres de Nauendorff. Beaucoup de personnes actuellement vivantes pourraient l'attester.

fondu en présence de nombreux témoins ; dans le second cas, il se révélait comme un fanfaron d'imposture. — Avait-il supposé que la duchesse d'Angoulême répondrait par un double refus à la double demande que lui avait adressée de sa part l'homme honorable qu'elle estimait ? Non assurément. — Les refus non pressentis de la duchesse d'Angoulême évitèrent donc à Nauendorff « imposteur » une *quatrième* cause de confusion.

» Comme on le voit, l'imposture franchissait avec succès les redoutables écueils qu'elle *cherchait*, quoiqu'elle *eût dû les éviter*.

» Il serait trop long d'exposer ici les nombreuses occasions de « confusion » auxquelles Nauendorff *s'est volontairement exposé*. Pour triompher de chacune d'elles, il s'est fait « reconnaître » par d'anciens serviteurs de la cour de Louis XVI, dont il eût dû fuir la présence s'il eût craint d'être confondu.

» Aux présomptions qui s'accumulent pour établir que Nauendorff a dit la vérité en affirmant sa naissance royale, il faut comprendre la ruse et la violence dont on a usé à son égard, et l'inexplicable crainte de la duchesse d'Angoulême qui, alors qu'il n'avait pas peur de se présenter à ses yeux, n'osait paraître devant lui.

» Le Dauphin délivré a été le cauchemar des ambitieux. Le faux Nauendorff persécuté demeurera leur remords.

» 22 décembre 82. »

Il est absolument hors de doute que si Nauendorff ne s'était point *cru* Louis XVII, il ne se serait point soumis avec tant d'insistance au redoutable contrôle de la duchesse d'Angoulême. Or, il est impossible, à moins d'être fou, de se croire autre que celui qu'on est en vérité. Et d'ailleurs, la folie aurait-elle donné à Nauendorff la connaissance des détails intimes et vrais qu'il raconte ?

Ajoutons qu'il est le seul des faux dauphins qui se soit soumis à l'examen de Madame avec cette insistance et cette bonne foi. Richemont a bien fait quelques demandes, forcé qu'il était par ses partisans ; mais toujours il s'est dérobé au moment décisif, soit que lui ou la duchesse aient reculé, soit que d'autres circonstances aient empêché l'entrevue.

Ce n'est donc pas Nauendorff qui « n'a pas osé affronter la présence de la duchesse d'Angoulême », comme le dit M. de Lescure ; mais c'est, au contraire, la duchesse d'Angoulême qui n'a pas osé affronter

Nauendorff, bien qu'il l'ait suppliée plus de trente fois peut-être, de le voir et de l'entendre; bien qu'elle eût souvent déclaré qu'elle savait son frère sorti vivant du Temple. Est-elle coupable? et dans quelle mesure?

Lecteurs, vous connaissez les pièces du procès, vous pouvez prononcer. Pour moi, je penche pour l'affirmative, en admettant les circonstances atténuantes.

Mais la duchesse d'Angoulême a paru devant Dieu, et elle a été récompensée ou punie.....

*Nolite judicare et non judicabimini!*

Envers cette sœur sans volonté, quels furent les sentiments du frère qu'elle repoussa, pour son malheur?

Ceux d'un honnête homme qui aimait vraiment sa famille et qui fut bien étonné et affligé d'en être repoussé et méconnu. Il est venu se jeter avec confiance dans les bras des siens, ne se doutant pas que la politique leur fermerait le cœur; plus tard, selon la marche ordinaire de l'esprit humain, cette confiance trompée s'est changée en juste indignation et lui a quelquefois inspiré des paroles amères.

Mais longtemps, toujours même, il garda au fond

de son cœur un reste de profonde affection pour celle
qui l'a méconnu.

Un jour, — c'était le 5 mars 1834, — le Prince
tomba malade. Il avait dans son secrétaire des papiers
importants, qui pouvaient, disait-il, porter atteinte à
l'honneur de sa sœur ; son premier mouvement fut de
les faire disparaître, et il supplia ses amis de les jeter
au feu.

Les Bourbons de Prague, au contraire, cherchaient
tous les moyens de le couvrir d'infamie ; comparez et
jugez.

Le 6 février 1837, il écrivait de Londres à sa fille,
M^me Amélie : « ..... On vous propose, m'écris-tu,
de vous conduire à Carlsbad, afin d'essayer de tou-
cher le cœur de la duchesse d'Angoulême. J'ai cru
autrefois moi-même que la chose était facile. Ta bonne
mère peut t'attester combien de fois j'ai pleuré à cause
de cette sœur, sans lui dire qui elle était ; elle m'en-
gageait à la faire venir, la croyant malheureuse, parce
que, disait-elle, nous travaillerons pour elle. Alors,
ma chère Amélie, je séchais mes pleurs : la bonté de
cœur de ta mère me faisait oublier, pour le moment,
celle avec qui j'avais été enfermé dans la tour du
Temple, époque à laquelle elle avait aussi un bon
cœur. Il n'en est plus ainsi aujourd'hui ; rien ne

pourrait l'attendrir : par conséquent le voyage serait inutile et dangereux ; il me coûterait de l'argent qu'on peut mieux employer qu'à le dépenser pour une femme sans cœur et sans âme même, car M^{me} la duchesse d'Angoulême est déjà comme morte par sa propre condamnation. Elle a dit que si son frère vivait, elle serait un monstre. Eh bien ! son frère vit ; et il sera bientôt prouvé en face du monde que ce mot de monstre, que M^{me} la duchesse d'Angoulême s'applique hypothétiquement, peint ce qu'elle est en effet (1). J'ai cherché ma sœur dans tous les pays, par l'amour de mon cœur, je n'ai trouvé qu'une femme hypocrite et feignant la sainteté, et qui, d'après ses actions infâmes envers moi, ne me semblerait pas la véritable fille de Marie-Antoinette ma mère, et reine de France, si je n'avais pas la certitude qu'elle l'est. On m'a rapporté comme certain qu'elle s'était vantée auprès d'un grand nombre de Français d'avoir des preuves pour confondre mes prétentions ; et que son frère était bien mort dans la tour du Temple. Elle en impose horriblement, car le fils de

---

(1) N'est-ce pas là le cri naturel d'un cœur ulcéré par l'injustice ? D'ailleurs, à ne considérer que la conduite de Madame en soi, en faisant abstraction des circonstances où elle se trouvait, il me semble que c'est la seule épithète qui lui convienne.

Louis XVI, le vrai roi légitime de France, c'est moi, ton père qui t'écris cette lettre. Tout le monde le reconnaîtra ; et M^me la duchesse d'Angoulême, elle aussi, sera reconnue pour ce qu'elle est. Dieu veuille que, pour son honneur, elle puisse justifier sa conduite. Tu l'appelles, cette tante, dans ta lettre, M^me la Dauphine ; dorénavant je te défends de lui donner ce titre, parce qu'il ne lui appartient pas. Puisque ces aveugles débris de Louis XVIII et de Charles X ne veulent pas entendre raison, je dois enfin leur montrer que c'est moi qui suis le chef de la famille, et non pas le mari de M^me la duchesse d'Angoulême. Je t'ordonne, ma chère Amélie, de faire venir chez toi la personne dont tu me parles. Laisse-lui lire cette lettre, et dis-lui qu'elle peut en envoyer copie à Madame si elle veut, et lui déclarer qu'un être capable d'assassiner moralement six enfants innocents, avec leur père et leur mère, ne touche plus le cœur de ton père.

» CHARLES-LOUIS, duc de Normandie (1). »

Il faut avouer que ce n'est point là le langage d'un imposteur. Il y a, Dieu merci, une sorte de respect humain dans le crime comme dans le bien. Si Nauen-

(1) *Légitimité*, t. IV, p. 174.

dorff n'avait point eu conscience d'être Louis XVII, aurait-il parlé ainsi dans une lettre intime à un enfant qu'il chérissait ?

Dans sa lettre à M. Perceval, plus tard lord Arden, Louis XVII disait (1) : « ..... On s'efforce d'écarter la vérité de l'existence du fils de Louis XVI. « *C'est un* » *malheur qu'il existe !* » n'ont pas eu honte de dire les partisans du duc de Bordeaux ; et c'est pour éviter les conséquences qu'ils redoutent de ma reconnaissance, que ces républicains d'une autre espèce invitent M^me la duchesse d'Angoulême à sanctionner de l'autorité de son nom leurs menées ténébreuses, ne pourrait-on pas dire régicides ? L'aveugle fille de Louis XVI recueille aujourd'hui le triste fruit des leçons qu'elle a reçues à la cour de Louis XVIII, de cet oncle dénaturé, dont les complots fratricides ont été la source de tous les maux qui ont frappé notre royale famille. Abattue elle-même par de longues souffrances, habituée à se laisser dominer par les vils flatteurs qui ne manquent jamais d'assiéger la personne des princes, étourdie par le souvenir de deux usurpations au milieu desquelles elle tenait son rang, égarée par les doctrines qu'on lui prêche et les faux

_______

(1) *Légitimité*, t. III, p. 816.

rapports qui lui viennent de tous lieux, victime en même temps de la criminelle politique des cours, on s'explique qu'arrivée à sa soixantième année, au travers des commotions qui ont constamment agité sa vie, elle ait perdu l'énergie du vouloir et de sentir par elle-même (1).

» Pourtant, dans la somme des infortunes qui, jusqu'à l'âge de cinquante-trois ans où je suis parvenu, ne m'ont à peine laissé vingt-quatre heures de calme parfait ; la plus poignante de toutes, c'est la méconnaissance de ma sœur. Je ne puis me faire à l'idée de la voir ainsi, de sang-froid, sacrifier l'avenir de sa réputation ici-bas ! Qu'elle relise et médite !

« Je recommande bien vivement à mes enfants,
» après ce qu'ils doivent à Dieu, qui doit marcher
» avant tout, de rester toujours unis entre eux. »
(Testament de Louis XVI.)

« Que mes enfants pensent tous deux à ce que je
» n'ai cessé de leur inspirer : que les principes et
» l'exécution exacte de ces devoirs sont la première
» base de la vie ; que leur amitié et leur confiance
» mutuelle en feront le bonheur. Que ma fille sente

(1) Ce manque d'énergie est ce qui se fait remarquer le plus en Marie-Thérèse, dans cette triste tragédie : elle n'avait pas de volonté·

» qu'à l'âge qu'elle a, elle doit toujours aider son
» frère par les conseils que l'expérience qu'elle aura
» de plus et son amitié pourront lui inspirer.

» Qu'ils sentent enfin tous deux que, dans quelque
» position où ils pourront se trouver, ils ne seront
» vraiment heureux que par leur union : qu'ils
» prennent exemple de nous. Combien, dans nos
» malheurs, notre amitié nous a donné de con-
» solation ! Où trouver un ami plus tendre et plus
» cher que dans sa propre famille. » (Testament de
la Reine.)

» Je prie M<sup>me</sup> la duchesse d'Angoulême de se re-
porter en esprit à l'époque de la date où ces lignes
brûlantes furent écrites ; et, la main alors placée sur
son cœur, qu'elle nous dise s'il est bien vrai qu'en
face de souvenirs aussi déchirants, aucun battement
d'amour n'a ému l'Orpheline du Temple pour
l'Orphelin son frère, compagnon de ses angoisses ?
Se pourrait-il que la pensée de son existence n'eût pas
été pour elle une pensée délicieuse, et que pour elle
encore, comme je l'entrevoyais pour moi, le moment
possible de se retrouver dans les bras l'un de l'autre
n'eût pas dû être le plus beau jour de sa vie. Oh !
pourquoi donc ne veut-elle pas éclairer sa religion sur
un évènement qui a grandi si prodigieusement depuis

quatre ans. Dans ses nuits d'insomnie, sa conscience ne lui fait-elle aucun reproche ? Le soupçon seul que son frère pouvait exister lui commandait impérieusement un sérieux examen ; et seule, M^me la duchesse d'Angoulême ne *veut pas s'occuper de cette affaire*, tandis que six anciens serviteurs de la cour du roi notre père m'ont reconnu par des témoignages authentiques, et que les personnages les plus honorables de France par leurs nobles sentiments m'entourent de leur vénération ?

» Mon cher M. Perceval, quel oubli des moindres convenances, quelle inconcevable aberration d'esprit, si cette conduite plus qu'imprudente n'est pas un crime réfléchi ! Quoi qu'il en soit du point de vue sous lequel on l'envisage, ma sœur est coupable, bien coupable, sans doute, de m'avoir refusé l'entrevue que je sollicitais ; car, quoi « qu'elle ait donné sa parole d'honneur que son frère était mort au Temple », elle sait parfaitement bien que l'Orphelin du Temple a été sauvé ! Mais ceux que j'accuse plus amèrement (et pour ceux-là je n'ai pas d'expression assez forte pour rendre toute mon indignation), ce sont ceux qui se vantent d'être les amis de M^me la duchesse d'Angoulême, qui exaltent hautement ses vertus, et qui l'entretiennent dans des déceptions qui ne sont qu'un prétexte à leurs perfidies..... »

De telles pages n'ont pas besoin de commentaires pour montrer qui était celui qui les écrivait.

Il est dans la vie de l'homme un moment suprême où l'on ne cherche plus à déguiser ses pensées, quand la mort pose sur notre tête sa main funèbre et que le délire s'empare de nos sens agités. Que dit le prince à cette heure terrible. « Il gémissait sur lui-même, dit un témoin oculaire (1), sur la cruelle destinée que ses persécuteurs lui avaient faite, sur la France dont il entrevoyait les maux à venir, sur son épouse, sur ses enfants qui bientôt, disait-il, n'auraient plus de père. « Je m'en vais chez votre Père céleste, votre Dieu et » mon Dieu, répétait-il souvent d'un ton pénétré, et » il me couronnera..... Pauvres enfants ! vous n'avez » plus de nom, vous êtes retombés dans les ténèbres. » ..... Mon Père céleste, prenez-moi en grâce.... » Depuis qu'ils ont coupé la tête à mon père, il n'y a » eu pour moi qu'obscurité... Il faut bien que j'aie » un père pourtant, on veut que je sois mon père... » Puis, fixant ses regards sur sa fille aînée, dont la ressemblance avec sa tante lui rappelait sa sœur, il

_______

(1) *Légitimité,* t. I, p. 137.

voyait la duchesse d'Angoulême.... « C'est elle,
» s'écriait-il, avec qui j'aurai affaire ; elle toute seule ;
» c'est sa faute, c'est elle qui devait me conduire....
» Les hommes n'ont jamais compris tout le bien que
» je voulais leur faire ; ils viendront trop tard ! Oh !
» pauvre humanité ! il y a tant à faire pour elle, et
» l'on ne m'a pas écouté. Mon fils Édouard, que de
» malheurs vont arriver à la France !....»

Enfin, à tous ces récits accumulés, permettez-moi
d'ajouter une nouvelle preuve, une preuve vivante, si
je puis ainsi parler : la duchesse d'Angoulême revit
dans la famille de Nauendorff, en la personne de
M^me Amélie, la fille chérie du royal martyr du
XIX^e siècle.

Voici comment s'exprime à ce sujet J. Favre dans
son magnifique plaidoyer : « La ressemblance de
Nauendorff avec Louis XVII était frappante, mais ce
qu'il y avait de plus extraordinaire, c'était celle de ses
enfants avec les membres de la famille de Bourbon.

» M^lle Amélie était alors dans tout l'éclat d'une
radieuse beauté, aujourd'hui à demi effacée : on ne
supporte pas impunément les souffrances qui l'ont
assaillie ; mais à ce moment on eut dit un portrait de
Marie-Antoinette détaché de son cadre et répandant
dans son humble maison, sur toute cette famille, le

charme et la grâce qui distinguaient l'infortunée souveraine.

» Dira-t-on que c'était là un caprice fortuit de la nature ? Messieurs, un témoin compétent et non suspect répond à cette objection.

» M. le docteur Carro, en effet, médecin de M^{me} la Dauphine, a minutieusement décrit les signes physiologiques très remarquables qu'il avait observés sur la princesse Amélie, notamment aux paupières et à la mâchoire inférieure, signes qu'il retrouvait identiques chez M^{me} la duchesse d'Angoulême.

» Voici comment il s'exprime (1) ;

« Un très bon observateur (le docteur Carro lui-
» même, médecin des eaux de la duchesse d'Angou-
» lême à Carlsbad), qui a eu l'occasion de la voir
» souvent, et de vérifier si en effet la princesse Amélie,
» fille aînée du duc de Normandie, ressemble autant
» à sa tante comme beaucoup de gens le prétendent ;
» cet observateur nous a dit, en effet, que deux
» choses l'ont particulièrement frappé. On a dit
» souvent que M^{me} la duchesse d'Angoulême a les
» paupières rouges, et on a expliqué cette rougeur
» par toutes les larmes qu'elle a versées dès sa jeunesse

(1) Dans son ouvrage : *Mes relations avec Louis XVII.*

» dans le cours de ses infortunes. Elle a, en effet, les
» paupières rouges, mais cette rougeur n'est point
» inflammatoire et ne ressemble nullement à ce qu'on
» nomme vulgairement des paupières éraillées. Les
» siennes sont rosacées dans leur tissu, et l'on pour-
» rait les comparer à celles des lapins. — M^{me} d'An-
» goulême a de plus une conformation particulière
» à l'arc dentaire supérieur, c'est-à-dire que les quatre
» dents incisives sont placées en ligne droite, de
» manière à aplatir l'arc dentaire.

» M^{lle} Amélie, qui ressemble beaucoup aux por-
» traits de Marie-Antoinette, sa grand'mère, qui ont
» été faits dans sa jeunesse, a, ainsi que M^{me} la du-
» chesse d'Angoulême, *les paupières rosacées, et l'arc*
» *dentaire de la mâchoire supérieure a précisément la*
» *même formation* (1). »

J'ai hâte de terminer. Mainte fois déjà, je le pres-
sens, le lecteur s'est écrié : « Nous pouvons en rester
là, et chaque preuve démontre, d'une manière irré-
cusable, et l'évasion du jeune Dauphin et son identité
avec Nauendorff. »

(1) La ressemblance de la famille Nauendorff avec la maison de
Bourbon et celle d'Autriche-Lorraine est tellement frappante qu'elle a
suffi à porter la conviction dans plusieurs âmes.

Aussi, je n'hésite pas et je le proclame hautement :

## NAUENDORFF ÉTAIT LOUIS XVII (1)

(1) Et cependant, nous n'avons étudié dans ce livre qu'un côté tout à fait secondaire de la question : je l'ai dit en commençant, ce n'est ici qu'une objection spécieuse. Tout le nœud de la cause gît dans la question d'identité.

Nauendorff avait-il les signes corporels du Dauphin ?

Nauendorff avait-il les souvenirs intimes du Dauphin ?

Nauendorff était-il de bonne foi en se prétendant le Dauphin ?

Ces trois points étant solidement établis, comment l'ont fait les rédacteurs de la *Légitimité*, en *dehors de la parole du prétendant*, « tous les *comment*, tous les *pourquoi* tombent et ne signifient rien. Ils attestent seulement que nous pouvons ignorer certaines choses. » D$^r$ Leroux.

## ÉPILOGUE


Il y a peu de temps un jeune poète s'écriait : (1)

> France, vois-tu là-bas, sur la terre étrangère,
> De ton étendard blanc flotter le drap sacré ?
> Il attend que la main de son aveugle mère
> Le fasse encor briller sur son sol vénéré !
> Louis dix-sept est mort !.... Dans le chemin de crise
> Où passe de nos temps le monde en désarroi,
> France, reviens, reviens à ta vieille devise :
> « Le roi vient de mourir !..... Vive, vive le Roi ! »

Nous, qui avons tant souffert des malheureux écarts de la philosophie moderne, qui avons eu à déplorer tant de chutes dues aux doctrines anti-religieuses et anti-sociales semées à profusion de nos jours, allons avec confiance au prince consacré au Sacré-Cœur de Jésus, au prince qui a prononcé ces mâles paroles :

(1) *Une gerbe de souvenirs,* poésie inédite sur Louis XVII, par G.-B. ***

« FRANÇAIS !

» Le fils aîné de Louis XVII, ému de vos désastres inouïs dans l'histoire, vous tend une main pour vous relever ou pour périr glorieusement ensemble. De l'autre, il lève le drapeau blanc, marqué du signe de la victoire, le Sacré-Cœur du Christ, qui aime encore les Francs, et vous offre de le conduire avec vous sur le chemin de l'honneur et de la gloire.

» Légitimistes fidèles, hommes religieux de tous les partis, accablés par l'inquiétude, la douleur, le désespoir, je viens vous dire :

» Non, rien n'est perdu !

» J'offre mon dévouement à l'Église. L'indépendance du Souverain Pontife m'est chère et je suis résolu à l'affermir sur des bases inébranlables. Je veux que Dieu règne en maître. J'aspire à être le bras de fer qui réalisera ce programme.

» Je veux une monarchie chrétienne, paternelle et forte.

» J'aurai pour les classes souffrantes les entrailles de Henri IV, mon aïeul.

» Je veux l'égalité absolue devant la loi ; pour tous

également l'admission aux emplois et aux honneurs ; la suppression des abus ; la diminution notable des impôts.

» Je protégerai l'agriculture, source de toutes richesses, de bien-être et de moralité.

» Je m'occuperai avec sollicitude du sort de tous les ouvriers.

» Tel est mon programme à l'intérieur.

» A l'extérieur, je n'aurai d'autre mobile que la gloire de notre patrie, et pour agir, pas d'autres moyens que l'honnêteté et la force mise au service du droit.

» Je ramènerai la religion, la paix et l'honneur sacrifiés pendant près d'un demi-siècle, par suite de la méconnaissance du dernier roi légitime de France, mon infortuné père.

» Je suis le Droit et le pilote nécessaire (1).

» CHARLES. »

Français, mes chers compatriotes, ne fermez pas l'oreille à la voix inespérée qui s'est fait entendre à nous dans un moment de trouble et de tristesse.

(1) Manifeste du prince Charles-Louis, fils de Louis XVII, daté de Teteringen, le 18 décembre 1883.

C'est lui qui nous méritera l'accomplissement des promesses faites par Notre-Seigneur à la bienheureuse Marguerite-Marie, en lui parlant du roi de France, s'il *voulait mettre dans ses armes l'image vénérée de son Cœur Sacré.*

« Ce Divin Cœur veut se rendre protecteur et
» défenseur de sa personne sacrée contre tous ses
» ennemis. C'est pourquoi il l'a choisi comme son
» fidèle ami.

» C'est par ce Divin Cœur que le Père éternel lui
» veut départir les trésors de ses grâces de sanctification
» et de salut, en répandant ses bénédictions sur toutes
» ses entreprises, en donnant un heureux succès à ses
» armes, et en le faisant triompher de la malice de
» ses ennemis. » (Déclaration de la Bienheureuse. —
Août 1689.)

« Notre siècle, a dit Montalembert, n'est pas artiste, il est bourgeois ; notre pays n'est pas libéral, il est égalitaire ; notre société n'est pas catholique ; elle l'est hélas ! si peu, que toutes les fractions, toutes les variétés des anciens partis révolutionnaires ne sont plus d'accord que sur un point : leur haine commune contre l'Église. »

« France, ô ma patrie ! réveille-toi enfin de ce triste

sommeil qui te déshonore ; secoue cette effrayante
torpeur dans laquelle périssent les nobles inspirations
et les saintes traditions de ton passé ; brise les liens de
la matière qui arrêtent ton élan, et comprime les
appétits immondes de la brute, qui t'empêchent de
lever la tête vers le ciel. Remets au cœur de tes enfants
les choses saintes, objets du culte de nos pères : la foi,
la religion, l'amour, l'honneur, la générosité, l'enthousiasme ! « L'enthousiasme…. ce qui s'en va de plus
en plus au sein de nos civilisations envahies par les
choses positives et brutales ! L'enthousiasme, ce qui a
créé les Francs, ce qui a chassé l'étranger de notre sol
au moyen-âge, ce qui a fait les croisades, ce qui a
constitué cette chose si fière et si renommée autrefois
dans le monde entier : le patriotisme français (1). »

Autrefois, c'était dans la personne sacrée du roi que
se personnifiait le patriotisme.

Mais hélas ! la Révolution a passé, terrible, sur ces
nobles enivrements de l'âme de nos aïeux ; elle les a
broyés dans son moule grossier, et aujourd'hui la
royauté a perdu sa majesté douce et fière.

Ah ! ramassons avec amour ses débris, pour leur

_____________

(1) Mgr RICARD, *Vie de Montalembert.*

jurer un dévouement éternel. On l'a brisée sur son trône, mettons-la dans le sanctuaire de nos cœurs, et ne l'oublions jamais ; des palais où on l'a détruite, plaçons-la dans nos chaumières, où, l'entourant de nos glaives, nous pousserons encore ce cri : « Montjoie, Saint-Denis ! Le roi nous conduit ! »

# TABLE DES MATIÈRES


|  | PAGES |
| --- | --- |
| Dédicace | V |
| Introduction | VI |
| I. Rapports de Louis XVII et de la duchesse d'Angoulême de 1793 à 1815 | 1 |
| II. Marie-Thérèse fut avertie de l'évasion et de l'identité par des lettres nombreuses | 19 |
| III. Ce qu'on pensait dans l'entourage de la princesse. | 39 |
| IV. Démarches de la duchesse d'Angoulême | 49 |
| V. Ses remords | 75 |
| VI. Ses aveux | 87 |
| VII. La duchesse d'Angoulême était-elle absolument incertaine de l'identité | 115 |
| VIII. Lettres de Louis XVII à sa sœur | 129 |
| IX. Ses mémoires | 155 |
| X. Mission de M. Morel de Saint-Didier | 179 |
| XI. Cause de la méconnaissance | 215 |
| Conclusion | 251 |
| Epilogue | 269 |

ROUEN. — IMPRIMERIE E. CAGNIARD

# LA SURVIVANCE DU ROI-MARTYR

## LOUIS XVI
Né à Versailles le 23 août 1754,
Marié le 16 mai 1770 à MARIE-ANTOINETTE-JOSÈPHE-JEANNE, archiduchesse d'Autriche,
Mort le 21 janvier 1793, de douloureuse mémoire.

---

**LOUIS, premier dauphin**
né le 22 octobre 1781, mort le 4 juin 1789.

**LOUIS XVII (LOUIS-CHARLES), duc de Normandie**
né le 17 mars 1785,
marié le 19 novembre 1818, à M<sup>lle</sup> Jeanne Einert,
mort le 10 août 1845 à Deft (Hollande).

**MARIE-THÉRÈSE-CHARLOTTE, duchesse d'Angoulême**
née le 19 décembre 1778, mariée le 10 juin 1799,
morte le 19 octobre 1851.

---

**AMÉLIE**
née à Spandau le 31 août 1819,
mariée à A. Labrade
le 15 juillet 1876.

**CHARLES-ÉDOUARD**
(Charles X de droit)
né à Spandau le 31 juillet 1821,
mort à Bréda
le 31 janvier 1876.

**BERTHA-JULIA**
née à Crossen en 1821,
morte en 1825.

**MARIE-ANTOINETTE**
née à Crossen en 1829,
mariée à Vander-Host
le 29 mai 1851.

**LOUIS-CHARLES**
(Charles XI)
né à Crossen le 11 mars 1831,
marié le 9 octobre 1879
à M<sup>me</sup> Snouks,
née Hermina-Dorothée
Gisbertine de Kruijff.

**CHARLES EDMOND**
né à Crossen le 3 avril 1833,
marié à Christine Schonlau
le 22 mai 1872,
mort à Bréda
le 29 octobre 1885.

**MARIE-THÉRÈSE**
née à Dresde le 15 mai 1836,
mariée à Le Clercq
le 10 juillet 1875.

**ADELDERTH**
né à Londres le 26 avril 1840,
marié à Marie Du Quesne
le 23 février 1865,
mort en 1887.

**ANGE-EMMANUEL**
né à Londres le 13 mars 1843,
mort à Batavia
le 13 février 1878.

---

AUGUSTE-JEAN-CHARLES-EMMANUEL
CHARLES-LOUIS-MATTHIEU
LOUIS-CHARLES.

LOUIS-CHARLES-JEAN-PHILIPPE
HENRI
EMMANUEL.

C'EST LE FONDS QUI MANQUE LE MOINS